15 OCTOBRE 1852.

❖

VOYAGE

DE

S. A. I. LE PRINCE LOUIS-NAPOLÉON

DANS LE DÉPARTEMENT D'INDRE-ET-LOIRE.

———

Illustré de neuf gravures.

———

PAR **ROUILLÉ-COURBE**, NÉGOCIANT,

Membre du Conseil Municipal de Tours.

———

𝔓rix : 3 𝔣rancs.

EN VENTE CHEZ TOUS LES LIBRAIRES.

Tours. — Imp. Ladevèze.

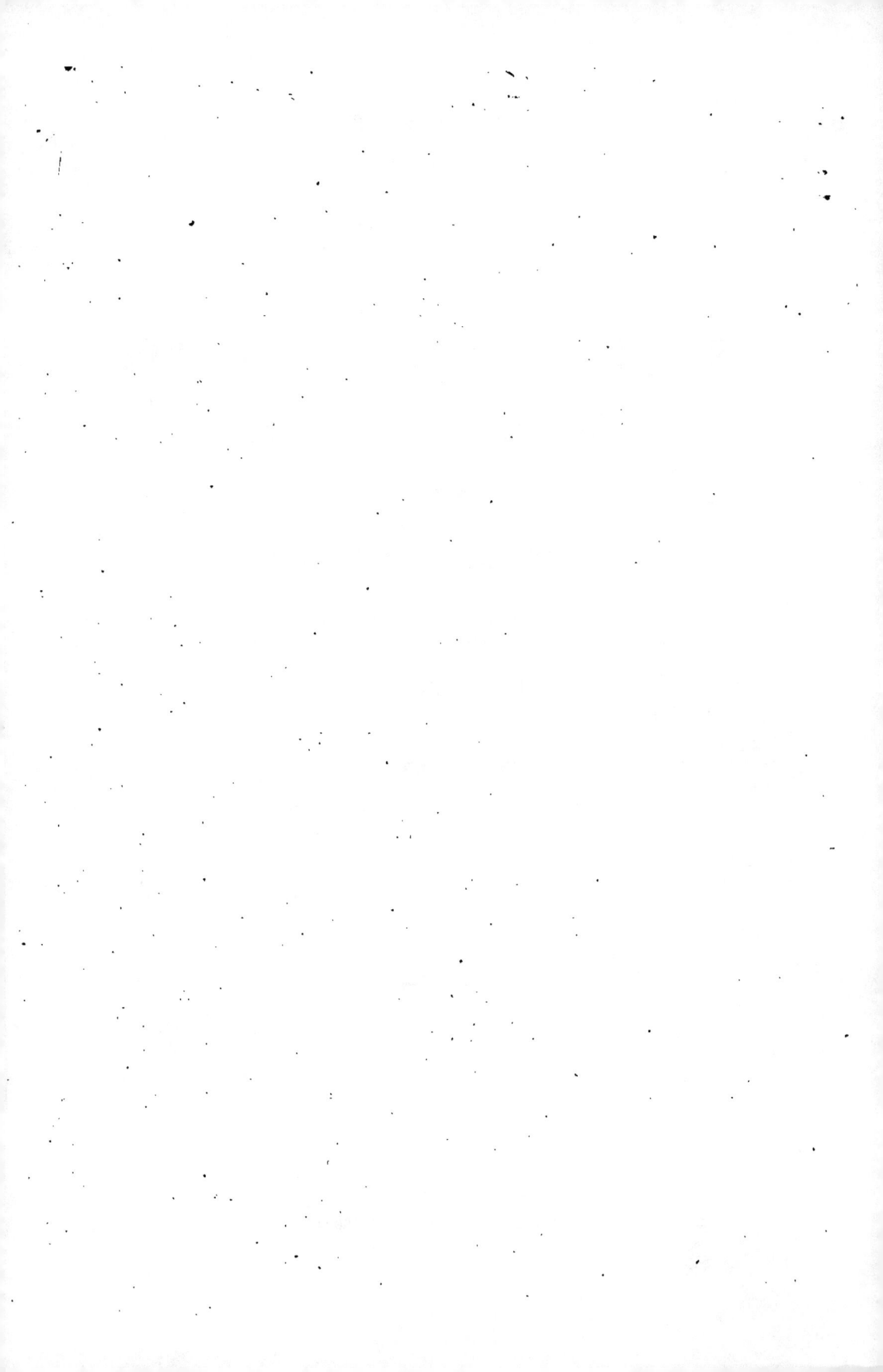

15 OCTOBRE 1852.

RÉCEPTION

DE

S. A. I. LE PRINCE PRÉSIDENT

DANS LA VILLE DE TOURS.

LE DÉPARTEMENT D'INDRE-ET-LOIRE

DÉVOUEMENT ET RECONNAISSANCE

à

LOUIS-NAPOLÉON

PAR ROUILLÉ-COURBE, NÉGOCIANT,

Membre du Conseil municipal de Tours.

TOURS

IMPRIMERIE LADEVÈZE, RUE ROYALE.

PRÉFACE.

———◦◦———

Les brillantes réceptions faites au Prince Président de la République durant tout le cours de son voyage dans le midi laissaient à notre cité, dernière étape de cette marche triomphale, peu d'espoir de pouvoir offrir au chef de l'État une hospitalité et des fêtes dignes de lui, dignes d'elle.

Cependant, n'avons-nous pas le droit de le dire avec orgueil, Tours n'a rien eu à envier aux villes placées avant elles sur l'itinéraire présidentiel. L'accueil fait dans nos murs à Louis-Napoléon a été tel, qu'il a laissé dans son esprit de bons souvenirs, dans son cœur une douce impression qu'en toute occasion, depuis, il a semblé heureux de rappeler.

C'est que dans nulle autre ville la population n'a pour la représenter une administration municipale qui s'identifie plus complétement avec elle, qui comprenne mieux sa pensée et ses vœux et qui s'attache avec plus de sollicitude et de soin à les réaliser.

C'est, enfin, que nulle part ailleurs on ne trouve cet aspect d'élégance que possède notre cité, ces belles lignes, ce magnifique ensemble qu'offre notre rue Royale reliant la gracieuse promenade du Mail avec le ravissant panorama que présente notre entrée de ville au nord encadrée dans les riants coteaux de la Loire.

Nous n'avons nullement l'intention de retracer le tableau des fêtes offertes à Tours à Louis-Napoléon, elles ont eu leurs historiographes qui n'ont rien laissé à désirer ni pour l'exactitude des détails, ni pour le charme du récit. Nous ne redirons donc pas les enthousiastes acclamations qui ont accueilli le Prince, ni cette admirable revue des communes rangées autour de leurs administrations municipales, et précédées de leurs élégantes bannières aux couleurs éclatantes, aux sympathiques devises; nous ne dépeindrons ni le défilé des bannières se rendant à l'Hôtel-de-Ville, ni les merveilles du bal féérique pour lequel un pont formant arc de triomphe avait été jeté entre la Mairie et le Musée. D'autres l'ont fait avant et mieux que nous. D'ailleurs nous n'avons pas la prétention d'être un écrivain.

Disposant d'un peu de loisir, nous avons voulu consigner dans quelques pages un souvenir d'une fête mémorable pour la ville qui nous a vu naître. Chargé de la confection des bannières que chaque commune avait tenu à présenter au Prince, nous avions soigneusement enregistré tous les détails relatifs à leurs couleurs, à leurs ornements; nous avons relevé toutes les devises dont elles étaient ornées. Nous avons pensé qu'un petit volume où seraient reproduites les notes que nous avions conservées pourrait être agréable et à l'hôte illustre que Tours avait cordialement fêté, et à nos concitoyens.

Ce volume, nous le publions en y ajoutant quelques faits de nature à le compléter. Ainsi nous avons placé en regard de chaque commune et de chaque canton le résultat des votes du 10 décembre 1848, du 20 décembre 1851, du 21 novembre 1852. Il nous a semblé qu'en montrant l'unanimité avec laquelle nos communes ont constamment voté, dans ces solennelles circonstances, en faveur de l'Élu de la Nation, nous donnerions la preuve la plus manifeste, la plus éclatante de la sincérité des sentiments qui ont déterminé l'admirable ovation du 15 octobre 1852.

Nous avons cru devoir aussi mentionner les noms des maires, des adjoints, des membres des conseils municipaux et des commissions municipales en fonctions. C'était à nos yeux un acte de justice, c'était aussi un souvenir du concours qu'ils ont prêté à une manifestation qui a eu sa part d'influence dans les graves et heureux événements dont nous avons depuis été témoins.

Afin de faciliter les recherches nous devons indiquer en peu de mots la marche suivie dans ce volume.

L'inscription des cantons et des communes est faite par ordre alphabétique.

Les votes du 10 décembre 1848 ayant été donnés par sections se trouvent placés en tête de chaque canton.

Ceux des 20 décembre 1851 et 21 novembre 1852 ayant eu lieu par communes sont placés en tête de chaque commune, nous y avons ajouté les noms des maires, des adjoints et des membres du conseil municipal.

Les noms des maires, adjoints et conseillers municipaux sont établis d'après leur ordre d'inscription au tableau.

Les communes dont les conseils municipaux étaient dissous sont représentées par leur commission nommée par le Préfet.

Enfin une table alphabétique, placée à la fin du volume, renfermera l'indication de toutes les matières qui y sont contenues.

Nous avons fait de notre mieux; nous ne demandons qu'une seule chose c'est que notre œuvre, travail sans prétention, soit jugée avec indulgence, et si elle en semble digne, accueillie avec un peu de bienveillance.

ROUILLÉ-COURBE.

Négociant, Membre du Conseil municipal de Tours.

ENTREE

DU

PRINCE LOUIS-NAPOLÉON

DANS LE DÉPARTEMENT D'INDRE-ET-LOIRE

LE 15 OCTOBRE 1852

~~~~~~~~~~~~~~~~~~~~~

Depuis un mois les journaux retentissaient des acclamations de :
Vive l'empereur ! et des réceptions faites dans toutes les villes du
centre et du midi à S. A. I. Louis-Napoléon. Parmi les villes qui
avaient organisé de grandes fêtes et fait des préparatifs immenses,
Bourges, Lyon, Marseille, Toulouse, Montpellier, Bordeaux étaient
citées ; les budgets et les ressources de toutes ces grandes villes,
laissaient un champ libre aux administrations pour recevoir dignement et avec la plus grande splendeur l'hôte auguste qui venait
étudier sur les lieux mêmes les ressources et les besoins du pays et
soulager les misères de toutes les populations du centre et du midi,
si audacieusement travaillées par les mauvaises passions du socialisme
et du communisme.

Tours, cette ville coquette entre toutes et si heureusement placée,
était la dernière étape, la dernière journée du voyage du Prince.

Dans cette circonstance, l'administration met tout en œuvre pour
répondre à l'attente publique et laisser dans l'esprit de S. A. I. un
bon souvenir de son passage dans nos murs.

Le préfet, M. Brun, avec une énergie et une persévérance dignes
d'éloges, n'a pas hésité à faire appel aux sympathies patriotiques de
M. Delaporte sous-préfet de Loches, et de M. Estienne, sous-préfet de
Chinon, et enfin de tous les maires des communes du département.
Pour donner à cette manifestation générale, cet ensemble, cette
unité et cette vivacité d'action, qui seules pouvaient entraîner les populations dans de semblables circonstances, il a eu l'heureuse pensée
de confier à une seule maison le soin de faire un modèle de bannières dans le style des croisades. Cette maison recommandée, avait
l'ordre exprès de leur donner la même forme, mais de laisser à cha-

que maire, à chaque commune son individualité pour la couleur, pour l'ornementation, pour les inscriptions. C'est cette individualité que nous voulons présenter dans cet ouvrage à tous nos concitoyens, à tous nos lecteurs du département, en mettant par ordre les arrondissements et par ordre alphabétique les cantons et les communes.

Pour compléter ce travail et pour enlever la sécheresse et la monotonie des couleurs et des étoffes, nous avons cru devoir y ajouter les votes des 10 et 20 décembre ainsi que le vote mémorable du 20 novembre 1852, qui a proclamé l'Empire et qui a posé la couronne Impériale sur la tête de Napoléon III. Le *Journal d'Indre-et-Loire* donnait dans ses numéros des 12, 13 et 15 octobre le programme général de la fête, arrêté concurremment par le préfet, par le maire et par le général de Courtigis, commandant la division militaire ; d'après ce programme toutes les autorités civiles et militaires devaient se réunir à la gare.

Après cette réception officielle, le Prince devait monter à cheval, traverser le boulevard Heurteloup, la rue Royale, la rue et la place de l'Archevêché pour se rendre à la cathédrale où monseigneur Morlot, archevêque de Tours, devait le recevoir à la tête de tout son clergé.

Après le *Te Deum*, le Prince devait se rendre à la préfecture par les quais du Vieux-Pont et de la Foire-le-Roi, passer sous l'arc de triomphe qui séparait le Musée et l'Hôtel-de-Ville, s'arrêter un instant à St-Julien pour visiter les travaux de restauration de cette église, si heureusement et si habilement conduits par M. Guérin, architecte diocésain.

Les ouvriers en habits de fête avaient organisé une ovation digne du Prince illustre, qui venait les visiter, ils voulaient, sur les lieux mêmes, présenter une pétition signée par tous les principaux propriétaires, industriels et fonctionnaires publics de la ville de Tours pour faire terminer, dans l'intérêt de l'art et de la religion et pour rendre au culte cette belle église, un des monuments les plus complets du XIIIe siècle. Cette pétition demandait aussi, dans l'intérêt des ouvriers artistes de la ville de Tours et dans l'intérêt de la manufacture de vitraux peints, si bien dirigée par M. Lobin, un fonds supplémentaire et l'intervention de l'État, pour doter ce monument de verrières dans le style de l'époque de sa construction.

En sortant de St-Julien, S. A. I. devait traverser la rue Royale, qui avait été sablée dans toute sa longueur, où l'attendait avec la plus vive impatience toute la population, du département et des départements voisins. Tous les balcons et toutes les fenêtres étaient pavoisés et garnis de dames aux plus brillantes toilettes, qui attendaient avec la plus grande impatience, l'instant où elles pourraient saluer de leurs plus vives acclamations l'élu et le sauveur de la France. Malheureusement pour l'ensemble de la fête, malgré les observations et les instructions de Monsieur le maire, cette partie du programme n'a pas été éxécutée.

Jamais à aucune époque notre ville n'avait été si brillante si animée. Dans toute la longueur de la rue Royale, des mâts ornés de drapeaux et d'écussons aux armes du prince, étaient plantés de 7 mètres en 7 mètres et reliés ensemble par des guirlandes en verres de couleurs. Au midi de la ville, sur les portes de fer, était placé un aigle gigantesque en verres de couleurs; au delà, la vue s'étendait à deux kilomètres environ et s'arrêtait au beau château de Grammont.

Entrée dans le département, à 1 heure.

C'est à la station de Ste-Maure, que Louis-Napoléon a été reçu par M. Brun, préfet d'Indre-et-Loire, commandeur de la légion d'honneur. MM. Gouin, Alexandre, ancien ministre, le comte de Flavigny, le baron de Richemont, députés du département d'Indre-et-Loire, l'accompagnaient. MM. Bois de Varannes, député du Finistère, Hector d'Outremont, conseiller de préfecture, et le bureau du Conseil Général qui se composait de son président, M. César-Bacot, ancien député et ancien officier supérieur de la garde Impériale, du marquis de la Roche-Aymon, vice-président, et Boilesve, secrétaire et maire de Langeais, faisaient partie de la députation départementale. M. le général Marcel, commandant la subdivision militaire, le premier président de la Cour d'Orléans, M. de Vauzelles; le procureur général, le sous-préfet de l'arrondissement de Chinon, M. Estienne, dont dépend la commune de Ste-Maure, ont reçu S. A. I. sous un arc de triomphe champêtre, entouré du maire et des autorités de la commune, du clergé et d'une population considérable. Aux stations de Villeperdue, de Monts, des arcs de triomphe avaient été élevés sous lesquels étaient réunies les autorités. La population villageoise, les curés et les desservants des paroisses bordaient le chemin de fer. M. Peyrot, secrétaire général de la préfecture de la Vienne, le maire et les adjoints de Poitiers accompagnaient le Prince.

Entrée dans la ville de Tours.

A deux heures et demie une détonation d'artillerie, les cloches en branle, les carillons sonores de toutes les églises annoncent que le train présidentiel approche de Tours.

La ville apparaît aux personnes qui faisaient partie du convoi avec sa grâce et sa majesté, ses dômes, ses tours et la magnificence de ses façades. La gare de Tours était richement décorée de trophées, de drapeaux surmontés de l'aigle et des initiales L. N. Des tapis couvraient le côté de la gare où devait passer le Prince. M. E. Mame, maire de Tours, ses adjoints, MM. Meffre, Archambault et Galpin-Thioux, le conseil municipal, le conseil général au grand complet, les autorités civiles et judiciaires de la ville et du département, la Cour d'Appel d'Orléans, les tribunaux, une députation de la ville de Nantes, conduite par M. de Mentque, préfet de la Loire-Inférieure, et par M. Ferdinand Favre, maire de la ville ; les députés de la Loire-Inférieure et de Maine-et-Loire, des conseillers municipaux de Saumur, Beaufort, les Rosiers, de Nogent-sur-Loire et du département de la Sarthe, attendaient le Prince dans une des salles de la gare ; on remarquait aussi une députation de l'école de Saumur, ayant à sa tête son commandant, M. le général de Rochefort. C'est dans cette salle de réception, artistement décorée, que M. E. Mame, maire de Tours, a reçu le Prince et lui a adressé l'allocution suivante :

MONSEIGNEUR,

« J'ai l'honneur de vous présenter les hommages respectueux des habitants de la ville de Tours. Si notre cité se trouve la dernière de celles qui ont eu le bonheur de recevoir V. A. I. dans le cours de son voyage triomphal, nous n'en reclamons pas moins notre place au premier rang parmi les populations qui vous sont sérieusement dévouées. Vous nous trouvez, Monseigneur, pénétrés de reconnaissance pour les grandes choses que vous avez déjà faites, pleins de confiance dans les inspirations de votre patriotisme pour l'accomplissement de votre mission providentielle.

« Les acclamations enthousiastes qui ont accompagné V. A. I. partout où elle a porté ses pas, sont une nouvelle consécration des pouvoirs que le pays vous a conférés, et révèlent la préoccupation générale de la France, qui veut voir sa prospérité garantie par une autorité forte et durable. Nous attendions avec impatience le moment de joindre à cette solennelle manifestation et de faire éclater en votre présence, les vœux ardents que nous faisons pour votre conservation et pour la complète réalisation de vos glorieuses destinées. »

Le prince a répondu avec une affabilité et avec une grâce charmantes, aux paroles de M. le maire ; il l'a remercié affectueusement des sentiments qu'il lui avait exprimés, et il a ajouté : « Que si la « ville de Tours etait la dernière qu'il dût visiter dans son voyage, « elle n'était pas la dernière dans son affection. »

A peine le Prince a-t-il cessé de parler, que le conseil municipal a poussé les cris de : Vive Napoléon III! vive l'Empereur! cris répétés aussitôt par les personnes qui se trouvaient dans la gare, avec une énergie et un entrain indicibles. Le prince visiblement ému de ce premier accueil a remercié cordialement M. le maire et après quelques instants de silence au milieu des cris mille fois répétés de : Vive l'Empereur! vive Napoléon III! vive le sauveur de la France, le Prince est monté à cheval dans la gare, côté de Nantes, et s'est avancé au milieu des flots pressés de la multitude qui l'attendait depuis plusieurs heures. S. A. I. était accompagnée de M. le général d'Hautpoul, grand référendaire du sénat; de M. Baroche, vice-président du conseil d'Etat, de M. Bineau, ministre des finances, de MM. les généraux Roguet, de Goyon et de Montebello, ses aides de camp et de toutes les autorités civiles et militaires de la ville.

Dans la salle de réception, à la droite du Prince, un groupe de jeunes filles vêtues de blanc voulaient présenter des fleurs, des bouquets à S. A. I. et à gauche les jardinières et les dames de la halle, avaient réuni dans plusieurs corbeilles, un magnifique brochet et les plus beaux fruits de Touraine; mais les acclamations sympathiques et chaleureuses faites au Prince, par toutes les personnes qui étaient dans ce grand et vaste salon de la gare, ont été si vives et si spontanées que les deux groupes de jeunes filles n'ont pu présenter leurs compliments et leurs corbeilles de fruits et de fleurs, et que cette reception n'a pu avoir lieu qu'à la préfecture. Dès que le Prince fut sorti de l'embarcadere, il a été accueilli par la foule, aux cris unanimes de : Vive Napoléon! vive l'Empereur! ces cris l'ont accompagné dans tout le parcours, depuis l'embarcadère jusqu'à la cathédrale; les employés et ouvriers du chemin de fer, réunis autour de la gare en bonne tenue, ont joint leurs acclamations sympathiques à celles de la foule. A la sortie de la gare, le Prince retrouve son magnifique Philipps qu'il n'avait pas monté depuis Bordeaux, il est équipé à l'ordonnance du général de division; nous le repétons, S. A. I. monte à cheval dans la gare et entre sur la promenade du mail, l'une des plus belles de France; elle est accompagnée à droite, du ministre de la guerre, à gauche, du général de Courtigis, commandant la 18e division.

MM. Brun, préfet, Mame, maire, le général marquis d'Hautpoul, grand référendaire du sénat, Grand, inspecteur général de cavalerie, en tournée d'inspection, Marcel, commandant la subdivision; les généraux Roguet, de Goyon, de Montebello, aides-de-camp du Prince; le colonel de gendarmerie, M. le capitaine de Menneval, Cambriel, le capitaine Boyer de l'état major de la division, accompagnaient S. A. I.

Dans cet ordre, le cortége se dirige vers la promenade du mail Heurteloup, occupé du côté de l'est, à la partie attenante au chemin de fer, par les députations de toutes les communes du département; chaque députation a sa bannière, et en tête les maires des communes

au nombre de 270 au moins ; le juge de paix de chaque canton était
à la tête des bannières, et mettait un ordre complet à toute cette
agglomération de population, venue de tous les points du département pour saluer l'élu et le sauveur de la France.

A la partie ouest, les troupes de la garnison, infanterie et cavalerie, sont rangées en bataille et sur la place du Palais-de-justice ; les
anciens officiers et militaires de l'empire sont placés sur deux lignes,
le capitaine Millet portait la bannière des vétérans de l'armée, offerte
par la ville et dont nous donnons le spécimen. Le chef d'escadron en
retraite, Mayaud-Maisonneuve, Debaute, chef de bataillon en
retraite, Bouchet, capitaine en retraite, avaient été désignés pour
placer en ordre les anciens militaires de la ville de Tours ; un bras-
sard tricolore à franges d'or, les faisait reconnaître facilement de
leurs anciens camarades.

Bientôt Louis-Napoléon apparaît à la tête du cortége sur son admirable Philipps, qui se prête facilement à toutes les évolutions de la
foule qui l'entoure. Il entre dans la rue Royale, rue grandiose et
magnifique, qui traverse Tours dans toute sa largeur. Cette rue est
décorée de chaque côté de mâts vénitiens avec faisceaux aux couleurs nationales, reliés entre eux par une double guirlande illuminée.
Toutes les maisons sont pavoisées ; les fenêtres de tous les hôtels sont
couverts de riches tentures ou de draperies parsemées d'aigles et
d'abeilles d'or, le coup d'œil est ravissant ; à l'extrémité nord de cette
rue, se développe la place de la mairie d'où se découvre le pont en
pierre faisant suite à la rue Royale.

L'extrémité sud débouche sur la place du Palais-de-Justice, et
cette rue semble se prolonger par cette immense route de Bordeaux,
aujourd'hui bâtie jusqu'au pont de l'Archevêché et qui se trouve
dans l'axe de la rue Royale.

Sur la place du Palais-de-Justice, au côté sud, sont aussi disposés
des mâts pavoisés, ornés de trophées d'armes et d'emblêmes rappe-
lant les souvenirs de l'empire ; le palais de Justice lui-même,
construction moderne, remarquable à plus d'un titre et bâtie en 1840,
sous la direction habile de M. Jacquemin-Bellisle, architecte, est
pavoisé de bannières et de trophées aux armes des différentes villes
du département. Le cortége passe au pas dans cette rue, qui retentit
des cris mille fois répétés de : Vive l'empereur ! et entre dans la rue de
l'Archevêché, dont la direction suit la longueur de la ville et qui
débouche d'équerre sur la rue Royale ; elle est décorée de mâts
pavoisés reliés entre eux par des guirlandes illuminées et des lustres
pendants. A l'extrémité ouest de cette rue le portrait en transparent
du prince est surmonté d'une aigle, à l'est et en face, le portail de
l'Archevêché est splendidement illuminé, et fait aussi point de vue
décoré.

De la place de l'Achevêché, le cortége se rend à l'église de St-
Gatien, entre le double rang des troupes échelonnées et au milieu

CATHÉDRALE DE TOURS.

IESVS CHRISTVS

*nazarenus filius Dei
viui, Rex Iudæorum,
Creator & Saluator
totius mundi.*

des cris mille fois répétés de : Vive l'empereur! vive Napoléon! Les dames placées aux fenêtres, ne sont pas les dernières à prendre part à l'enthousiasme général.

Il est impossible d'exprimer les transports de la population qui se trouvait tellement massée dans la rue Royale et dans la rue de l'Archevêché, qu'on ne pouvait circuler. La cathédrale, dont l'intérieur et l'extérieur sont reproduites dans une lithographie ci-jointe est admirable par la grandeur de son vaisseau, par la hardiesse et l'élévation de ses voûtes, par l'extrême légèreté de ses piliers et par deux verrières magnifiques représentant l'adoration des Mages et la mort de la sainte Vierge; ces verrières, sorties de la manufacture des vitraux peints de la ville de Tours, dirigée par M. Lobin, sont remarquables par l'harmonie des couleurs, la pureté du dessin et des draperies, et par l'ensemble des groupes. Le portail ne le cède peut-être, ni en richesse ni en majesté au portail de Reims, malheureusement il avait beaucoup souffert du temps et des dévastations de 93, Mais il a été restauré il y a quelques années, sous la direction de MM. Vallée et Villemain, entrepreneurs de Tours, et sous l'épiscopat de messeigneurs de Montblanc et Morlot. Deux tours admirables d'architecture et de proportions égales, en style du xii⁰ et du xiv⁰ siècle, s'élancent des deux côtés du portail et portent dans les airs les ciselures les plus gracieuses et deux dômes surmontés d'une croix d'une hardiesse extraordinaire dominent tous les monuments de la ville de Tours. Louis-Napoléon met pied à terre, il est reçu en avant du grand portail sous un riche dais, par monseigneur Morlot, archevêque de Tours, assisté de ses vicaires généraux, du chapitre et de plus de trois cents prêtres ; après lui avoir donné de l'eau bénite et l'avoir encensé, le prélat d'une voix émue, adresse à S. A. I. l'allocution suivante :

« MONSEIGNEUR ,

« Autant la religion s'attache à prémunir les hommes contre tout ce qui peut les séduire par de vaines et fausses apparences de grandeur, autant elle se plaît à relever l'éclat de tout ce qui en présente le véritable caractère.

« C'est cette religion sainte, Monseigneur, qui nous fait bien comprendre de quels sentiments la reconnaissance publique doit environner le Prince que Dieu, dans son adorable providence, réservait à de si hautes destinées; qu'il a pris comme par la main pour l'exécution de ses conseils suprêmes et qu'il couvre de son égide tutélaire au milieu des obstacles et des dangers.

« Tant d'événements accomplis contre tous les calculs de la sagesse humaine, on dirait presque tant de miracles de la droite du Très-Haut, imposent à tous de grands devoirs. Souffrez, Monseigneur que le clergé de cette église métropolitaine de la ville de Tours et du diocèse, dont je suis heureux d'être en ce moment l'interprète et l'organe, vous offre l'hommage de son dévouement, à tous ceux qui résultent pour lui de sa sublime vocation. Le long et mémorable voyage de V. A. touche à son terme, et vous n'avez pas voulu traverser cette noble cité sans y laisser aussi de beaux, de touchants exemples de votre foi, nous les contemplons, Monseigneur, avec autant d'émotion que de respect, en formant des vœux ardents pour la conservation d'une vie précieuse à tant de titres, et demandant à Dieu qu'il vous soit donné de réaliser, sous sa protection, les plans que vous avez conçus pour la paix, le bonheur et la gloire de la France. »

Le Prince a remercié monseigneur l'archevêque, des sentiments qu'il lui exprimait : « C'est à la Providence, aux prières de l'église, « au concours de ses pieux pontifes et de ses prêtres, que je dois, « a-t-il ajouté, mes succès dans les grandes entreprises. Je suis « heureux, après avoir reçu au début de mon voyage, les bénédic- « tions d'un cardinal, de recevoir aujourd'hui celles d'un prélat « destiné à le devenir. »

Le Prince s'est ensuite avancé vers le chœur, au milieu des acclamations de la foule que la sainteté du lieu n'a pu contenir, le maire, les adjoints, le conseil municipal avaient pris place dans les stalles du chœur, qui a été entièrement occupé par les généraux, par la suite du Prince, et par les autorités civiles et judiciaires.

L'archevêque marche immédiatement devant le Prince et le conduit processionnellement aux sons majestueux de l'orgue à un prie-Dieu, tout couvert de velours rouge orné des chiffres en or, de S. A. et des armes épiscopales. On a chanté en musique le *Te Deum*, le *Domine salvum fac Ludovicum imperatorem nostrum* et le *Vivat in æternum*, en présence des corps constitués, députés, généraux, magistrats, fonctionnaires civils; la voix de M. Henri, si vibrante et si sonore et en même temps si expressive, a dominé un instant le frémissement de la foule et l'a forcé en quelque sorte au silence et au recueillement. Après la bénédiction, le Prince est sorti avec les mêmes acclamations qui l'avaient accueilli à son entrée et qui l'ont suivi jusque sur le boulevard Béranger, où il allait passer les troupes en revue. En passant dans la rue de l'archevêché et dans la rue Royale, les dames aux croisées agitaient leurs mouchoirs et lui jetaient des fleurs. Le Prince revient à cheval à la promenade du mail, à la partie ouest, où les troupes sont rangées en bataille, pour la revue, sous le commandement du général de Courtigis. Elle se composait du 1er régiment de chasseurs, colonel M. de Caussencourt, en garnison à Tours, du 5e régiment de la même arme venu de Vendôme, de deux bataillons du 21e léger, venus de Blois, commandés par son colonel, M. Lemire de Villers, et des pompiers de la ville et des communes rurales. S. A. I. passe dans les rangs et le défilé a lieu aux cris unanimes de : Vive l'empereur. Parmi les

INTÉRIEUR DE LA CATHÉDRALE.

troupes, nous remarquons une députation de l'école de cavalerie de Saumur, conduite par le général de Rochefort, commandant de l'école. Après la distribution des croix et des médailles à l'armée, le Prince vient se placer à la partie est de la promenade en face du Palais de Justice, pour assister au défilé qui s'est fait aux cris mille fois répétés de : Vive l'empereur. Le péristyle de ce beau monument, les fenêtres de tous les étages étaient encombrés de dames aux plus fraîches et aux plus brillantes toilettes, qui ont acclamé avec enthousiasme la présence du Prince Louis-Napoléon.

Après la revue, le Prince s'est rendu sur le boulevard Heurteloup, où étaient rangées toutes les communes avec leurs bannières. Ces communes formaient deux lignes immenses à plusieurs rangs, qui s'étendaient depuis le palais de Justice jusqu'au canal; on remarquait toutes les députations des communes rurales des arrondissements de Tours, Loches et Chinon; celles des départements de Maine-et-Loire, de la Sarthe, du Finistère et du Loiret. Comme nous l'avons dit, chaque commune a sa bannière avec son inscription particulière, précédée de son maire, des adjoints, des conseils municipaux et du juge de paix de canton. Les deux cent quatre-vingt-deux communes qui composent le département d'Indre-et-Loire ont été représentées à cette fête, l'une des plus belles et des plus pittoresques du voyage du Prince, par 270 bannières, de couleurs et d'ornementation différentes.

En tête des députations, se trouvaient les vétérans de l'armée et les corporations d'ouvriers, représentant la commune de Tours, par une bannière en soie bleue moirée aux armes de la ville avec cette inscription : *Les vétérans de l'armée;* celles des ouvriers étaient en mérinos vert-président, avec cette inscription remarquable: *Les habitants de la Loire, les ouvriers de la ville de Tours, vive Napoléon III, empereur.* Nous en donnons les specimens avec le texte de la pétition présentée par les ouvriers et par les habitants de la Loire, remise à S. A. I., aux cris de : Vive Napoléon III ! vive l'empereur, mille fois répétés par les 1,600 ou 1,800 signataires et par dix mille personnes qui assistaient à cet immense spectacle, qu'aucune plume, aucun tableau ne peuvent reproduire. Voici cette pétition :

« A S. A. I. le Prince-Président.

« Les habitants de St-Pierre-des-Corps, de la Poissonnerie et de La Riche, appréciant les sympathies que vous portez aux classes laborieuses et ouvrières des villes que vous voulez bien visiter, ont l'honneur d'appeler votre attention, Monseigneur, sur les besoins de leurs quartiers, qui sont les plus populeux et les moins aérés de la ville de Tours.

« Les soussignés ont l'honneur de vous exposer, que les inonda- tions de la Loire ont toujours envahi leurs habitations, les ont rendues insalubres et malsaines ; par suite de ces inondations des fièvres inter-mittentes, des maladies, endémiques et épidémiques ont décimé la population dans une proportion effrayante, comparativement aux quartiers habités par les classes aisées.

« Après l'inondation de 1846, si désastreuse pour les riverains de la Loire, le choléra qui déjà avait en 1832, sévi cruellement dans cette partie de la cité, a fait un nombre considérable de victimes. Il est malheureusement trop certain que les principales causes de ces épidémies sont le peu de largeur des rues de nos anciens quartiers, la difficulté qu'éprouve la circulation de l'air, difficulté qui rend une grande partie des logements insalubres, la rareté des voies de com-munication entre les bords de la Loire et les autres parties de la cité ; enfin les travaux exécutés en 1848, sur les bords du fleuve, travaux qui encaissent ces bas quartiers et gênent entièrement la circulation de l'air. Nous appelons votre sérieuse attention sur toutes ces causes d'insalubrité, en venant vous prier de les faire cesser par votre intervention protectrice et généreuse. Déjà, Monseigneur, pour vivi-fier cette partie de la cité, votre oncle illustre, Napoléon Ier, de glorieuse mémoire, voulut rappeler la vie dans les misérables et anciens quartiers de la Poissonnerie et de La Riche, et il daigna donner son nom au quai qui longe nos quartiers et aux rues qui y aboutissent; il vous appartient de faire terminer sa généreuse entre-prise. Il vous appartient encore, Monseigneur, de faire continuer l'œuvre que vous avez si heureusement commencée en 1849, à votre premier passage dans la ville de Tours, en reliant par une prome-nade plantée, les deux parties est et ouest de la ville. Nos anciens quartiers de la cathédrale, de St-Pierre-des-Corps, de la Poissonnerie, de La Riche ne pourront réellement être vivifiés et assainis que lorsque votre gouvernement aura changé l'aspect de nos quais, que l'acclamation unanime vient de nommer quais Louis-Napoléon. Les soussignés ont l'honneur d'être, Monseigneur, vos très-humbles et très-obéissants serviteurs, en criant avec la France entière, vive Louis-Napoléon, vive le sauveur de la France. »

Le Prince a parcouru d'un bout à l'autre cette pacifique armée au milieu des acclamations bruyantes, qui n'ont cessé de l'accompagner à l'aller et au retour. Il s'est ensuite rendu à la préfecture pour prendre quelque repos; c'est au bas de l'escalier d'honneur que S. A. a été reçue par Mme et par Mlles Brun auxquelles s'était jointe Mme la comtesse de Villeneuve, amie fidèle de la reine Hortense et qui reçut Louis-Napoléon le jour de sa naissance. Le Prince a été ému de cette attention de l'amie de son enfance, qui a quitté sa retraite de Chenonceaux pour recevoir S. A. I. Le Prince donnant le bras à Mme Brun, le préfet à Mme de Villeneuve, le ministre de la guerre et M. de Courtigis à Mlles Brun, a été conduit au salon de reception. Pendant ce temps, les députations des communes se sont rendues à l'Hôtel de Ville, pour y déposer leurs bannières, qui devaient faire

L N

LN

à

S.A.I.

Les habitants des quais
et les ouvriers de Tours

VIVE NAPOLÉON III

EMPEREUR

ARRONDISSEMENT DE TOURS.

A. PLUTS, lith

Chromolith. CLAREY-MARTINEAU, rue Royale 14, Tours

partie de la décoration des salles de bal. Pendant plus de deux heures, la rue Royale a été littéralement remplie d'un bout à l'autre d'une foule compacte qui ne pouvait se mouvoir qu'avec une extrême lenteur, et au-dessus de ces milliers de têtes, dont le chiffre dépassait, dit-on, trente mille, apparaissaient les bannières aux couleurs et aux inscriptions variées, le tout formant le spectacle le plus saisissant, le plus pittoresque, qu'il soit possible d'imaginer. Ce défilé sera impérissable et restera gravé dans la mémoire de tous ceux qui ont pu le voir et l'admirer. Après quelques instants d'entretien avec la comtesse de Villeneuve, à cinq heures et demie, le Prince Président a reçu à la préfecture les députations des corps constitués et des autorités civiles et militaires. Nous avons remarqué la Cour d'appel d'Orléans au grand complet, le tribunal civil et le tribunal de commerce de Tours, le corps enseignant, présenté par M. le recteur, le conseil municipal, présenté par M. le maire, accompagné de ses adjoints, les sociétés savantes, belles-lettres et arts, d'archéologie, de médecine et de pharmacie.

M. de Courtigis, général, commandant la 18e division militaire, a commencé le défilé de cette présentation, l'archevêque et son clergé, les députés du département, MM. de Richemont, Goüin et de Flavigny, le conseil général dont le président, M. César Bacot, ancien député a prononcé l'allocution suivante :

Monseigneur ,

« Le conseil général du département d'Indre-et-Loire a mis un grand empressement à adhérer aux actes principaux de votre gouvernement ; aujourd'hui, il est heureux de s'associer aux acclamations unanimes qui vous saluent dans ce département, et il veut aussi vous témoigner sa vive reconnaissance des éminents services que vous avez rendus à la patrie.

« Les paroles que vous avez fait entendre à Bordeaux, ces nobles paroles se sont répandues dans toutes nos populations et les ont remplis de joie, car elles y ont vu la fin du régime bâtard que la révolution nous avait imposé et elles savent aussi que sous votre règne la France sera grande et prospère. »

M. Sandras, recteur de l'académie d'Indre-et-Loire, s'est exprimé en ces termes, au nom de tous les fonctionnaires de l'académie :

Monseigneur ,

« Chargé d'éclairer l'intelligence de la jeunesse, le corps enseignant ne manquera pas de faire germer dans tous les cœurs les sentiments qui doivent les animer. Nos élèves sauront que la France, poussée deux fois sur les bords d'un abîme où tout allait

2

s'engloutir avec elle, se sauva deux fois en invoquant ce nom qui sera fameux dans tous les âges et qui remplit l'univers ; naguère souvenir de combats et de gloire, aujourd'hui présage de bonheur et de paix. A ce nom qu'on entend partout répéter avec le même enthousiasme, doit s'unir providentiellement un titre qui en est inséparable. Dieu le veut ! la France le proclame !

Vive Napoléon ! vive l'empereur !

M. de Sourdeval, président de la société d'archéologie a dit au Prince ces quelques mots :

PRINCE,

« La société archéologique de Touraine s'occupe de réparer les ruines du passé dans les monuments historiques comme, V. A. I. de les reparer dans l'ordre moral et politique. »

M. le docteur Charcellay, président de la société médicale, a prononcé l'allocution suivante :

PRINCE,

« La société médicale d'Indre-et-Loire a l'honneur de déposer à vos pieds l'hommage de son dévouement respectueux. Aujourd'hui comme il y a trois ans, nous sommes heureux de recevoir V. A. I. dans notre cité au milieu des sympathiques et unanimes acclamations qui entourent le chef de l'Etat. Nous saluons en vous l'élu de la nation, désigné par la main de Dieu, qui veille toujours sur les destinées de la France. »

S. A. I. a répondu : « Je suis très-sensible aux bons sentiments « que vous m'exprimez, je vous en remercie bien sincèrement. »

Voici l'allocution présentée par M. Viel, président de la société pharmaceutique avec une pétition remise à S. A. I.

MONSEIGNEUR,

« L'empire seul pouvant assurer un lendemain à notre belle patrie, nous faisons, avec la France entière, les vœux les plus ardents pour voir replacer sur votre tête cette couronne qui n'eut jamais dû sortir de votre illustre famille.

« Si, à une autre époque, on a pu dire de la France qu'elle était assez riche pour payer sa gloire, sous Louis-Napoléon, elle est assez puissante, assez forte et surtout assez maîtresse de ses destinées pour faire exécuter ses volontés. En vous remettant, Prince, cette pétition qui est l'expression des vœux et des besoins de la société pharmaceutique dont j'ai l'honneur d'être le président, je viens en son nom vous présenter ses respectueux hommages et vous assurer de sa vive reconnaissance et de son entier dévouement. »

M. Hardy, président du conseil des prud'hommes de l'arrondissement de Tours, a présenté à S. A. I. l'adresse suivante :

MONSEIGNEUR,

« Nous devons à l'empereur, qui a institué le conseil des prud'hommes, l'honneur de pouvoir vous exprimer tout ce que nous vous portons de respect et de dévouement. Juges des travailleurs, nous manquerions à notre devoir si nous ne nous rendions pas près de S. A. I. les interprètes de leurs pensées, de leurs vœux. Votre avènement au pouvoir, apprécié par les partis au point de vue de leur foi politique ou de leurs passions révolutionnaires, n'était pour les uns qu'une transition nécessaire au retour du passé, dont nous ne voulons pas ternir la mémoire, pour les autres, un non sens du suffrage universel qu'une tempête devait bientôt faire disparaître; mais pour le peuple, rempli du souvenir d'un grand homme et d'une grande gloire, cet heureux avènement devait être le salut de la France. La Providence qui veille sur vos hautes destinées vous inspira. Prévoyant que l'exécution de funestes desseins allait suivre la menace, vous avez dispersé les factions et maintenu l'édifice social près de s'engloutir dans un cataclysme sans exemple dans les annales de l'histoire.

« Grâce à cette énergique initiative, la terreur a fait place à la sécurité ; à la crainte a succédé la confiance. Sous votre égide, les beaux-arts, l'agriculture, l'industrie et le commerce ont pris un nouvel essor, bien convaincus que vous ne cesserez de les encourager et de les protéger.

« Dans votre parcours à jamais mémorable à travers tant de départements, vous avez, Prince, recueilli les bénédictions du ciel, et la nation, par d'unanimes acclamations, vous fait connaître ses sympathies et ses espérances. Manifestation éclatante de son amour pour vous et de sa reconnaissance de lui avoir sauvé le sanctuaire de sa famille, sa religion et ses lois!

« Quel magnifique triomphe ! la gratitude publique est à la hauteur du bienfait!»

Le 1ᵉʳ président de la cour d'appel d'Orléans, M. de Vauzelles a présenté la députation de la Cour en protestant énergiquement du dévouement et du respect de sa compagnie, et a prononcé le discours suivant :

« Le noble langage que vous avez tenu à la chambre de commerce de Bordeaux a retenti dans tous les cœurs. Les nôtres en sont encore émus. Les hautes vues qu'il révèle, le patriotisme qu'il respire expliquent l'enthousiasme qui l'a accueilli et qui trouve partout de l'écho. Si le silence des peuples est la leçon des princes qui les perdent, ou qui se montrent peu soucieux de leur bonheur et de leur gloire, d'unanimes acclamations sont la juste récompense de ceux qui les aiment, les sauvent et les rendent heureux.

« La cour d'Orléans, dont la sollicitude et les vœux ont accompagné V. A. I. dans sa marche triomphale, n'a plus que des félicitations à vous adresser.

« Bientôt le siége de la première magistrature de l'Etat, que vous avez si glorieusement pour vous, et pour nous si utilement occupée, va se convertir en un trône, d'où émanent tous les pouvoirs, et singulièrement la justice. Le mérite, mais aussi, dans une certaine mesure, la responsabilité de nos arrêts, remontera jusqu'à vous.

« Nous le sentons, et parce que nous le sentons, nous redoublerons d'efforts pour ne placer que le droit sous l'autorité de votre nom. Nous n'en resterons pas moins fidèles dans notre indépendance, respectueux dans notre impartialité ; ainsi comprise la justice qui seule peut consolider ce que fonde la puissance souveraine, est, après tout, la meilleure garantie de cette liberté civile, que les libertés politiques, inventées pour la défendre ont trop souvent trahie ou mal protégée. »

Le prince a répondu :

« Je suis satisfait de voir mes actes et mes intentions si bien com-
« prises par la cour d'appel d'Orléans. De mon côté, je continue à
« compter sur son concours. »

Puis, sont venus l'inspecteur-général du ministère de la police, M. Porriquet, les tribunaux, le conseil-général, le corps municipal, le Consistoire et tous les chefs des diverses branches d'administration. La Colonie de Mettray a été présentée au Prince président de la République par MM. Goüin et de Flavigny, membres du conseil d'administration de la Colonie. M. DeMetz était à la tête des fonctionnaires de l'établissement. S. A. I. a reconnu M. DeMetz, lui a pris la main et l'a serrée affectueusement : « J'ai su, a dit le Prince, la « grande perte que vous avez faite, dans la personne de M. de « Courteilles ; j'y ai pris une vive part. » M. DeMetz a remercié S. A. I. et lui a répondu que jamais Mettray n'avait eu plus besoin de sa haute protection. Le Prince lui a donné les meilleures assurances pour l'avenir de la Colonie ; puis il a ajouté : « Dites bien à la « malheureuse veuve que ma sympathie est acquise à sa douleur. » La société d'agriculture, sciences, arts et belles-lettres présentée par M. le général d'Outremont, son président, a exprimé à S. A. I. les sentiments de reconnaissance et de respect, dont la société est animée et lui a dit qu'elle faisait tous ses efforts pour seconder le développement des nobles et généreuses intentions de S. A. I. pour l'agriculture.

Déjà, Monseigneur, a-t-il ajouté, nos populations ressentent le prix de l'immense service que vous lui avez rendu, et se livrent à leurs travaux avec une ardeur et une sécurité qui présagent les plus heureux résultats. »

Le prince a répondu « Que l'agriculture était l'objet de ses « plus constantes préoccupations, et que la société pouvait compter « sur son intérêt et sur ses encouragements. »

Un jeune enfant de troupe, âgé de sept ans, appartenant au 11ᵉ léger s'est glissé parmi les visiteurs avec un beau bouquet à la main ; le désir d'approcher le Prince sur le boulevard, à deux fois différentes, avait failli lui devenir fatal, car il avait manqué de se faire écraser par les chevaux ; avec une énergie et une persévérance digne d'éloges, il s'est dirigé vers la préfecture où il parvint à offrir son bouquet au prince, qui le reçut avec la plus touchante bonté.

Le bouquet renfermait un billet ainsi conçu :

Les Enfants de Troupe de l'Armée à S. A. le Prince Louis-Napoléon.

RESPECT, AMOUR, DÉVOUEMENT.

Prince, pensez à nous !
Fils de nobles soldats, enfants de notre armée,
Nos cœurs sont réjouis de votre renommée,
Et se donnent à vous !
Veuillez nous honorer de votre bienveillance,
Nous parviendrons plus tard à bien servir la France,
Dieu nous bénira tous !

Le prince a pris l'enfant dans ses bras, lui a demandé son nom et celui de son père : « Je m'appelle, a-t-il répondu, Henri Breton ; mon père est gendarme et compte vingt ans de service, dont seize dans la gendarmerie. »

Au moment où l'enfant s'est retiré, le prince lui a fait donner des marques de sa munificence.

Le prince a remis la croix d'honneur à MM. Ladevèze, rédacteur en chef du *Journal d'Indre-et-Loire*, de Forceville, chef du mouvement du chemin de fer Tours, et Herpin, maire de Veretz, commune longtemps habitée par Paul-Louis Courier.

En remettant la croix d'honneur à M. Ladevèze, le prince lui a dit : « Je sais, Monsieur, tout ce que vous avez fait pour la cause de « l'ordre et pour le pays, je suis heureux de vous en récompenser « moi-même. »

Les dames de la halle et les poissonnières réunies ont été ensuite admises à offrir au prince une immense corbeille remplie de fruits au milieu desquels était placé un énorme brochet ; on admirait aussi des poires, des pêches, des raisins, des pommes et autres fruits de saison de la plus grande beauté et parmi un fruit très-rare dans nos contrées, qui vient sur un arbre appelé vulgairement le sabotiller,

L'une d'elles, Madame Fournier, marchande de légumes, lui a adressé ce compliment :

« Recevez, cher Prince, ces fleurs que notre amour a cueillis, nous, nous voudrions vous faire un présent plus précieux, mais ne le pouvant pas, nous nous bornerons à vous adresser ces vœux : Vivez, cher Prince, votre vie nous est chère ! Ah ! si nos vœux au ciel pouvaient être exaucés, vous couleriez sur la terre autant d'années que vous avez de vertus. Ces fleurs sont passagères, mais Dieu vous en réserve d'immortelles pour vous couronner. » Le Prince a fait à ces dames l'accueil le plus gracieux et a fait remettre 300 francs ainsi qu'une épingle en or à Madame Fournier et elles se sont retirées enchantées de sa bienveillance et de son affabilité. Puis, une vingtaine de jeunes ouvrières vêtues de blanc, ont apporté une corbeille fleurie, et l'une d'elles a lu le compliment suivant :

MONSEIGNEUR ,

« La jeunesse de Tours, envieuse des villes qui ont eu l'honneur de vous recevoir avant nous, se fait une gloire de fêter votre arrivée ; l'ivresse qu'elle partage en ce moment est à son comble et elle fait des vœux pour que V. A. passe d'heureux jours au milieu d'un peuple qui l'aime tant.

Notre désir, en nous présentant devant vous, Monseigneur, est de vous prier de jeter un regard de bienveillance sur notre classe ouvrière, afin que nos pères et mères qui en font partie, tout en vous bénissant, voient avec plaisir les travaux s'augmenter pour pouvoir élever leur famille. Que Dieu veille donc sur votre conservation, mon Prince, c'est le vœu de notre population.

« Monseigneur, veuillez recevoir ces fleurs, comme symbole de notre dévouement. »

Le prince a répondu par un sourire très-gracieux et leur a fait remettre une somme de deux cents francs.

M. Valentin, qui a dirigé le bal donné par la ville de Tours, a présenté une *mazurka* de sa composition (1).

M. Wœts, professeur et compositeur de piano, a dit au Prince :

« Je vous remercie, comme artiste, de l'accueil que vous avez fait à ma Sonate Pathétique. » — « Vous êtes pianiste, lui a répondu le « Prince, et c'est moi qui vous remercie. »

Les employés et ouvriers de M. Ladevèze, honorés dans la personne de leur chef, auraient désiré en manifester leur reconnaissance au

_____

(1) Nous apprenons que M. Valentin a reçu une très-belle épingle en or, avec un beau diamant surmonté d'un aigle.

chef de l'Etat. Ils se sont réunis spontanément, pour féliciter M. Ladevèze et lui offrir une belle croix qu'ils ont attachée eux-mêmes à sa boutonnière et ils ont remis l'adresse suivante, qui exprime bien leurs sentiments, à l'honorable M. de Richemont, député du département.

A S. A. I. le Prince Louis-Napoléon, les employés du journal et les ouvriers de M. Ladevèze.

MONSEIGNEUR,

« Les trop courts instants que V. A. a passés au milieu de nous ne nous ont pas permis, ainsi que nous le désirions et que nous l'avons fait demander, de nous présenter devant vous pour vous remercier de l'honorable distinction que vous avez accordée à M. Ladevèze. En le décorant, ce n'est pas seulement le valeureux champion de l'ordre, l'homme le plus dévoué à votre cause, c'est aussi notre bon patron, nous pouvons dire notre père, que vous avez décoré ; veuillez, Monseigneur, en recevoir l'expression de notre profonde et respectueuse reconnaissance. »

M. Emmanuel, comte de Lascases, ancien député, était à la tête de la députation du Finistère.

M. de Mentque, préfet de la Loire-Inférieure, autorisé par décision spéciale à se rendre à Tours, a eu l'honneur de présenter la députation de son département à S. A. I.

M. Ferdinand Favre a présenté l'adresse du conseil municipal de Nantes.

MM. les délégués de la chambre de commerce et du tribunal de Nantes, ont présenté celles de ces deux corps. « Le prince a daigné « exprimer avec une extrême bonté combien il était touché de ces « témoignages et aussi de ce que la députation de Nantes fût venue « de si loin près de lui. » Le préfet et le maire ont soumis au Prince le vœu qu'il voulut bien visiter la Loire-Inférieure, lorsque les affaires de l'Etat le lui permettraient. S. A. I. a répondu « qu'elle en avait le « plus vif désir et que son intention était de le réaliser au printemps « prochain. » Le Prince a particulièrement remarqué les maires des communes rurales qui faisaient partie de la députation.

MM. Louvet et Dubois (d'Angers), députés de Maine-et-Loire ont présentés la députation de ce département.

Parmi les députations étrangères au département, on remarquait plusieurs anciens militaires qui étaient venus pour assister au passage du Prince. Nous devons citer un ancien lieutenant de chasseurs de la vieille garde, revêtu de son uniforme, précieusement conservé. Ce vieux débris de nos gloires militaires, se nomme Letort, chevalier de la Légion-d'Honneur, il habite Coiron, petite commune de la Loire-

Inférieure, entre Nantes et Paimbœuf. Malgré son grand âge, il n'a pas hésité à faire ce long et pénible voyage, pour obtenir une subvention pour la restauration de son église et pour l'aider dans la fondation d'un hôpital communal et en même temps pour voir le neveu de son empereur et le saluer du même cri qu'en d'autres temps il avait plus d'une fois adressé à l'oncle. On remarquait aussi un grenadier de la division Oudinot, corps d'armée du général Lannes, dont le fils aujourd'hui officier au 24e léger a présenté au prince une adresse qui se termine par les paroles suivantes :

« Prince, acceptez la couronne impériale, accomplissez l'œuvre que vous avez commencée et vivez aussi longtemps que le polonais Naroki ; votre gloire n'en a plus besoin, mais la prospérité de la France et le repos de l'Europe en dépendent. Que Dieu veille sur les jours de l'héritier du plus grand capitaine des temps anciens et modernes, c'est le vœu de la nation, en particulier celui des vieux grognards de l'empire. Vive Napoléon III ! »

Au milieu des ovations qui ont signalé à Tours le passage du Prince nous devons citer celle de M. Girardeau, propriétaire industriel, demeurant aux closeries, près Saumur. Il a offert au Prince un objet d'art confectionné à Paris par des artistes distingués, représentant une allégorie aussi ingénieuse par la pensée, qu'élégante dans sa forme.

Sur un plateau de vieille porcelaine de Sèvres s'élève une colonne en bronze doré et ciselé, surmonté d'un globe, et au dessus de ce globe qui figure la France, se trouve la statuette en pied du Prince Louis-Napoléon, tenant d'une main un glaive et de l'autre une ancre. Avec le glaive il a terrassé le monstre de l'anarchie, représentée expirante sur le plateau de Sèvres ; l'ancre est celle du salut de la France.

Par un mécanisme invisible placé dans l'intérieur de la colonne, le globe de la France s'entrouvre à un moment donné et une main garnie d'une couronne traverse les nuages et va poser la couronne sur la tête du Prince Louis-Napoléon.

Le prince a été vivement ému de cette offrande ; il en a remercié son auteur dans les termes les plus affectueux. M. Girardeau a remis en même temps quelques phrases de félicitations qui se terminaient ainsi :

« Cédez, Sire, la France vous en conjure, aux pressantes instances d'un peuple qui vous aime et que vous aimez. Acceptez la couronne impériale héréditaire, vos enfants vous la donnent et vous prient de ne pas la refuser. D'ailleurs, Sire, vous ne le pouvez plus, puisque vous avez dit vous-même : « Quand il s'agit de l'intérêt général, je « tâche de devancer l'opinion publique, mais je la suis quand il « s'agit d'un intérêt qui me paraît personnel. » Nous espérons, Sire, que cette couronne impériale sera posée irrévocablement sur votre tête au 2 décembre, jour anniversaire où elle s'est placée sur la tête d'un grand empereur d'éternelle mémoire. »

SAINT JULIEN.

Ce défilé qui a duré au moins deux heures, s'est terminé par la réception du maire de Tours, accompagné de ses adjoints, qui a présenté son conseil municipal et à la suite toutes les députations et les maires des communes rurales, ainsi que tous les officiers et sous-officiers de nos anciennes armées qui ont témoigné de leurs vives sympathies au Prince et l'ont acclamé par des cris mille fois répétés de : Vive l'empereur.

Le dîner offert par le prince a eu lieu à 7 heures et demie ; parmi les invités étaient M. Brun préfet, M. E. Mame, maire de Tours, les députés au corps législatif, MM. de Richemont, Gouin, A. de Flavigny, Louvet, Dubois, Ferdinand Favre, maire de Nantes, Monseigneur l'archevêque, le préfet de la Loire-Inférieure, Fleury, député, M. des Francs, président du tribunal civil, M. Miron de Lespinay, procureur de la République, M. Léon Durand, président du tribunal de commerce, M. Sandras, recteur de l'Académie d'Indre-et-Loire, M. Bailloud, ingénieur en chef du département; M. Porriquet, inspecteur général du ministère de la police, le premier président et le procureur général d'Orléans et beaucoup d'autres fonctionnaires.

Quelque temps après le dîner, à neuf heures, le prince s'est rendu au bal de la mairie, qui a été incontestablement une des plus brillantes parties de la fête, en suivant la rue royale, illuminée dans toute sa longueur, sur une ligne se prolongeant de deux côtés de la route de Bordeaux au pont de la Loire.

La statue de René Descartes, œuvre remarquable de M. le comte de Niewerkerque, qui vient d'être inaugurée, était enveloppée de globes lumineux et apparaissait dans toute sa hauteur du bas de la rue Royale.

L'Hôtel de ville avait été relié aux salles du Musée par un grand salon, formant un arc de triomphe à l'extérieur, sous lequel le Prince devait passer et se rendre au bal ; l'intérieur de ces vastes salles était décoré des bannières de toutes les communes du département, qui flottaient au sommet de sept belles galeries qui se trouvaient illuminées d'une manière magique. S. A. I. est partie de la préfecture traversant au pas la rue de Buffon, la rue de l'archevêché et une grande partie de la rue Royale, au milieu d'une foule immense et les acclamations unanimes de *Vive Napoléon III! Vive l'Empereur!* Arrivé près de l'arc-de-triomphe on a fait remarquer au Prince la belle église de Saint-Julien, qui avait été disposée pour le recevoir et que le temps et un mal entendu que nous avons signalé plus haut ne lui ont pas permis de visiter. Ce monument, un des plus remarquables de la ville, offre le plus beau type de la grande architecture nationale du XIIIe siècle. Voici la pétition signée par tous les principaux habitants et fonctionnaires publics, civils et militaires de la ville de Tours ; cette pétition a été présentée et remise par M. le maire à S. A. I. le Prince président.

A Monseigneur le Prince-Président de la République Française.

MONSEIGNEUR,

« Les soussignés, pleins de reconnaissance pour les grands actes par lesquels votre gouvernement vient de sauver la France et lui préparer de nouvelles destinées, ont l'honneur de vous exposer les faits suivants, relatifs à une œuvre de réparation pour le passé et d'amélioration pour l'exercice du culte catholique dans la ville de Tours.

« L'ancienne abbatiale de Saint-Julien de Tours a été acquise par l'Etat, il y a quelques années, au moyen d'allocations spéciales et de souscriptions volontaires. Le conseil municipal de la ville de Tours a voté une somme de 30,000 fr. pour aider à l'acquisition et à la restauration de ce monument. Ce magnifique édifice doit être rendu prochainement à sa destination première. On en poursuit activement la restauration dans cette fin. C'est une œuvre glorieuse à la fois pour la religion et pour la France. Il est difficile, en effet, de trouver un édifice plus important que l'église de Saint-Julien, sous le rapport des dimensions, de la pureté du style, de l'harmonie de l'ensemble et de l'élégance des détails. Bâti au milieu du XIIIe siècle, il doit être regardé comme une des productions les plus parfaites d'une époque fertile en grandes œuvres.

« Pour compléter la restauration intérieure de cette belle église, il sera nécessaire d'en garnir toutes les fenêtres de vitraux peints. Cette décoration, néanmoins, ne peut être entreprise en ce moment dans tout son ensemble, ce sera l'œuvre de l'avenir ; mais il existe à la muraille absidale plusieurs fenêtres qu'il serait nécessaire d'orner de vitraux peints avant de rendre l'édifice à la célébration du culte. Le plan exige cette décoration pour que l'effet ne soit pas dénaturé. Il est impossible que l'immense fenêtre qui termine l'abside et les fenêtres qui se trouvent à l'extrémité des nefs collatérales, ainsi que les rosaces du transsept, soient closes en vitres blanches, sans que la perspective de l'édifice et l'ordonnance de toute la région supérieure ne perdent leur caractère.

« Ce serait un digne complément des travaux de restauration si remarquablement exécutés à Saint-Julien au moyen d'allocations accordées par M. le ministre de l'intérieur et M. le ministre des cultes, si votre gouvernement, Monseigneur, accordait les fonds nécessaires à l'exécution des vitraux peints qui sont indispensables à l'effet de l'édifice. Ce travail, d'ailleurs, pourrait être fait à Tours et l'on atteindrait ainsi un double but ; l'église de Saint-Julien recevrait une décoration nécessaire et le gouvernement donnerait à la manufacture de vitraux peints de Tours un encouragement bien mérité. Cet établissement, fondé en 1848, occupe de nombreux ouvriers, sous la direction d'un habile artiste, M. Léopold Lobin. Il présente toutes les

INTÉRIEUR DE St JULIEN.

lith. CLAREY-MARTINEAU, r.d.l.Harpe, 14, Tours.

garanties désirables au point de vue des convenances religieuses, de l'archéologie, de l'art et de la pratique de la peinture vitrifiée. Aussi a-t-il mérité les sympathies de tous.

« Le Conseil général du département d'Indre-et-Loire a vivement encouragé le directeur de cet établissement et dans sa dernière session de 1851, il formait des vœux pour que le gouvernement lui confiât l'exécution de quelque œuvre importante, comme on peut s'en convaincre par la pièce ci-jointe.

« Ainsi, en résumé, en accordant la somme nécessaire pour l'exécution des verrières de Saint-Julien indiquées dans la note ci-annexée, somme qui ne dépasserait pas le chiffre de 37,800 francs, votre gouvernement, Monseigneur, achèverait dignement la restauration intérieure d'un magnifique édifice, pour laquelle il a déjà beaucoup fait, et en même temps il encouragerait efficacement la manufacture de vitraux peints de Tours, qui mérite à plus d'un titre sa bienveillance et sa protection.

« Enfin, Monseigneur, cette allocation serait considérée par le département d'Indre-et-Loire en général, et par la ville de Tours en particulier, comme un temoignage public qui serait la récompense de leur adhésion empressée et unanime aux actes par lesquels vous avez assuré le bonheur de la France. »

« Par des souscriptions volontaires et par les subventions des ministres du commerce, de l'intérieur et des cultes, et par une subvention municipale, les travaux de restauration ont été commencés déjà depuis longtemps ; on compte avec raison, sur le prince pour achever cette œuvre remarquable la plus complète qui existe en France aujourd'hui. »

Après avoir traversé l'arc-de-triomphe et avoir admiré la belle illumination qui éclairait la statue de Descartes, l'hôtel-de-ville et cette vaste place, S. A. I. a été reçue à la porte du Musée par M. Mame, maire de Tours et par le conseil municipal. Le vestibule, les escaliers étaient tendus de riches tapis; les bannières des communes et des groupes de fleurs formaient l'ornement principal de cette entrée, confiée à la garde de la belle compagnie de pompiers, commandée par le capitaine Ott. Les cris de *Vive l'Empereur ! Vive Napoléon !* ont salué son entrée dans la salle.

Toutes les dames se sont levées spontanément et ne se sont assises qu'après que le Prince a eu pris place sur son trône.

Rien de plus charmant et de plus magique que les décorations de ces salles immenses, formées, ainsi que nous l'avons dit, par une galerie spacieuse qui relie la mairie et le musée.

La mairie comprend deux vastes salles : dans la première, le trône a été dressé pour S. A. I. La galerie transversale forme un salon richement tendu à l'intérieur, et conduit aux salons du Musée, dont les sculptures, les fleurs et les peintures, disposées avec art, forment la décoration, le Prince en a été frappé et a dit : « On se croirait ici à Versailles. » Les bannières qui ont servi au défilé, avec leurs inscriptions, des trophées de drapeaux complètent cette décoration magique, admirablement éclairée par des milliers de bougies et par des beaux lustres au gaz. A la suite de cette galerie sont les cinq salles du Musée converties en salles de bal et dans lesquelles on remarquait quelques-uns des meilleurs tableaux qui composent sa collection. Dans ces salles on remarque des groupes de fleurs et de verdure, artistement organisés par MM. Louzier-Barillet et Bonnet, jardiniers ordinaires de la ville, au milieu desquels sont disposés les bustes de l'Empereur et de Louis-Napoléon. Tous ces salons sont ornés de bannières, de drapeaux et de trophées qui complètent la décoration intérieure. La circulation est rendue facile par trois ouvertures bien ménagées; ces salons ont été décorés sous la direction de M. Chauveau, architecte, voyer de la ville de Tours. L'extérieur, dont S. A. n'a pu admirer l'ensemble au jour, puisqu'elle n'est passée sous l'arc-de-triomphe que la nuit en allant au bal et en le quittant, avait ses deux façades décorées dont une sur la place de la Mairie, l'autre sur la rue Royale.

Ces façades étaient divisées en compartiments ornés de colonnes entre lesquelles étaient des niches occupées par deux vases de fleurs, dont l'exécution est surtout remarquable. De chaque côté des niches, de riches tapis à abeilles d'or avec lambrequins, complètent cet ensemble qui fait un effet délicieux, même de l'extrémité de la rue Royale. Ce monument est surmonté de mats ornés et décorés de bannières aux couleurs et au chiffre du Prince.

Toutes ces décorations, ainsi que celles de la Préfecture, ont été dirigées par M. Gustave Guérin, architecte distingué, chargé de la restauration de l'église Saint-Julien et des édifices diocésains du département, avec le concours de M. Alexandre Gauthier, artiste distingué, chargé de la décoration extérieure de cette belle galerie, qui relie la mairie au musée. Nous reproduisons ce monument improvisé, par une lithographie représentant la façade nord, d'après les dessins de l'architecte, M. Guérin. M. Mame a présidé à toutes ces belles et grandes dispositions avec le goût et l'intelligence qu'il porte partout. Il serait difficile de trouver un administrateur plus zélé et plus intelligent; et, nous le proclamons avec bonheur et en toute justice, les affaires de la ville ne peuvent être confiées à meilleures mains. Le Prince a ouvert le bal à neuf heures, donnant la main à Mademoiselle Suzanne Brun, fille aînée du préfet, et ayant pour vis-à-vis M. Brun, préfet, donnant la main à Mademoiselle de Courtigis, fille du général. Les autres personnes qui ont figuré dans le quadrille d'honneur sont M. Mame, maire, avec Mademoiselle Marcel, fille du général, M. ministre de la guerre avec Madame la baronnePaul de Richemont, femme du député, M. le ministre des finances avec Madame Cordier, femme du receveur-général, M. Baroche avec Madame Eugène Gouin, le général de Courtigis avec Madame Desfrancs, femme du président du tribunal civil, et M. le procureur-général Serrurier, avec Madame Louis Auvray. Après avoir donné le signal

FÊTE DONNÉE PAR LA VILLE DE TOURS AU PRINCE PRÉSIDENT, LE 15 8bre 1852.

Galerie reliant la Mairie avec le Musée,
pour le Bal dont les salons offraient une étendue de cent mètres.

de la danse en prenant part au premier quadrille, le Prince a fait le tour des salons au son des deux orchestres sous la direction habile de M. Valentin, artiste de Tours, et de M. Créton, chef de musique du 1er lanciers qui avait été en garnison dans notre ville, lors des événements désastreux de 1848, sous le commandement du colonel Parthouneau.

A peine le Prince eut-il quitté son trône, qu'un immense cri de *Vive l'Empereur!* éclata de toutes parts, se prolongeant jusqu'aux salles les plus éloignées à mesure que le Prince s'avançait précédé de MM. les membres de l'administration municipale et du conseil, ainsi que des personnes de sa suite.

Toutes les dames, dans les plus brillantes et les plus fraîches toilettes, étaient debout, montées sur leurs banquettes, agitant leurs mouchoirs et leurs bouquets et joignaient leurs acclamations aux cris de *Vive l'Empereur!* qui se répétaient à chaque instant sur le passage du Prince. Un instant, le Prince se mit à la fenêtre pour admirer l'illumination féérique de la rue Royale ; aussitôt un cri formidable de *Vive l'Empereur! Vive Napoléon III!* se fit entendre de la place de l'hôtel-de-ville au palais de justice. On estime à 50,000 personnes le nombre des visiteurs entassés dans cette seule rue ; enfin, la foule était si compacte que malgré sa grande largeur la circulation a été littéralement arrêtée, et que les anciens de Tours s'accordent à dire que jamais ils n'ont vu une pareille affluence, pareille animation joyeuse, ni une fête aussi belle et aussi bien organisée.

A dix heures et demie, le Prince s'est retiré après avoir fait une seconde fois le tour de la salle, au milieu des cris de *Vive l'Empereur!* Les mêmes acclamations l'ont accompagné jusqu'à la préfecture.

En revenant du bal, le Prince a admiré l'illumination et la décoration de la rue Royale, de la Préfecture, de l'entrée de la rue Saint-Georges, qui offraient un aspect vraiment magique. On ne saurait donner trop d'éloges à MM. Jallot et Taboureux, entrepreneurs de cette fête, qui ont su tirer un parti admirable de la disposition heureuse des rues et des places de la ville de Tours. Pendant le bal, un feu d'artifice favorisé par un temps calme et brillant d'étoiles, appelait les populations autour de la belle place du Palais de Justice. L'une des principales pièces représentait la couronne impériale enlacée de bouquets de fleurs avec les initiales L. N ; sur les portes de fer formant plan de devant, on remarquait un aigle aux ailes déployées d'une envergure immense et formé par des verres de couleurs, cet ensemble était vraiment féérique et digne du prince qui était l'objet d'une ovation aussi brillante. Le feu d'artifice a été admirable de bonne exécution. Des danses et des divertissements populaires organisés sur le Mail, donnaient à cette promenade un aspect de vie et de joyeuse agitation, comme on n'en a jamais vu dans la ville de Tours. Pour terminer la trente-unième journée du voyage du Prince, nous pensons être agréable à nos lecteurs en donnant quelques détails sur la rentrée de S. A. I., à la préfecture, qui n'a eu lieu qu'à onze heures.

Ce monument construit et disposé par le général de Pommereuil, administrateur distingué et préfet d'Indre-et-Loire en 1806, a été bâti sur l'emplacement de l'ancien couvent des Visitandines et est remarquable par ses vastes salons et par son beau jardin planté d'arbres magnifiques. Sa décoration est pleine de goût. La cour d'honneur est sablée et une allée d'arbustes et de fleurs y est formée. Elle conduit au grand escalier qui a servi au banquet donné par le Prince et à droite au salon de réception. Cet escalier est couvert de riches tapis avec des massifs de fleurs et de lauriers.

Dans le vestibule, au haut de l'escalier, est établie une fontaine jaillissante, surmontée de l'aigle impériale enlacée dans des bouquets de fleurs. De riches torchères en bronze, provenant de la Malmaison, en font ressortir l'éclat et la richesse. Les dispositions intérieures répondaient à la magnificence de ces préparatifs.

Pour cette réception, la grande salle du conseil-général a été transformée en salon splendide, les plafonds, les tentures ont été entièrement renouvelées. Les bustes en marbre de Louis-Napoléon et de l'Empereur sont disposés aux extrémités. Celui de l'Empereur est surtout remarquable par son faire; c'est une des plus belles copies d'après Canova. Le buste de la reine Hortense, venant de l'ancien château de l'impératrice Joséphine, surmonte un massif énorme d'hortensias. Des faisceaux de drapeaux parsemés d'abeilles dorées, en relief, et des aigles couronnées posant leurs serres sur d'immenses bouquets de fleurs et d'arbustes, formaient l'ensemble de cette remarquable et principale décoration. Le grand salon de réception est richement meublé de brillants damas de soie, fabriqués par M. Pillet, de Tours. Sur une estrade dressée est un fauteuil doré, en velours rouge et au-dessus un écusson aux armes impériales.

L'appartement du Prince est tout meublé en velours vert, parsemé d'abeilles et relevé par des crépines d'or. Dans la chambre à coucher coquettement parée par un lit d'une magnificence véritablement princière et surmonté par une aigle aux ailes déployées, les rideaux comme les tentures de l'appartement sont de velours vert, parsemé d'abeilles d'or et relevé par de riches cordons soie et or du plus bel effet.

La couverture du lit en soie verte, également parsemée d'abeilles d'or complétait dignement l'ornement de cette couche impériale. En face du lit on remarque le portrait du premier consul à cheval, peint par Charlet et au-dessus de la commode un portrait de la reine Hortense, peint par elle-même, et dont elle fit hommage en 1808 à Madame la comtesse de Villeneuve, sa dame d'honneur. Sur la table est une coupe exécutée pour cette grande réception, par un artiste renommé de Tours, Avisseau, le fidèle imitateur de Bernard Palissy. Par une attention délicate, on avait mis dans la chambre du Prince une aigle qui avait appartenu à M. Chaptal, propriétaire de Chanteloup et qui se trouvait parmi le mobilier vendu à la criée par la bande noire, qui promenait son marteau dévastateur sur tous les monuments historiques de notre malheureuse France. Cette aigle faisait partie de la décoration d'une chambre destinée à recevoir l'Empereur quand il alla à Bayonne en 1808. C'était le sénateur Chaptal, alors propriétaire de cette belle résidence, qui avait invité l'Empereur à visiter son château en passant et avait fait orner l'appartement réservé à S. M. Malheureusement l'Empereur ne put répondre à l'invitation du comte Chaptal, mais la chambre impériale n'en fut pas moins religieusement conservée avec tous ses ornements. Après la mort de M. Chaptal et la chute de l'empire, le château de Chanteloup est tombé sous le marteau de la bande noire et tout le mobilier fut vendu à la criée. L'aigle de la chambre impériale fut acheté par un habitant de Tours, qui l'a conservée comme une relique. Elle est aujourd'hui la propriété de M. Philippe Grobot, chevalier de la Légion-d'Honneur, ancien sergent d'infanterie, décoré en Afrique, qui s'est empressé de l'offrir à M. le préfet pour qu'elle fût mise dans le salon de Louis-Napoléon lors de son passage dans cette ville. Mais M. Grobot n'a pas voulu borner là son hommage, il a fait réparer et dorer son aigle avec beaucoup de soin et de goût par M. Chauvigné, doreur sur bois; il a fait placer sur la tête du noble oiseau une couronne impériale et aujourd'hui il l'a envoyé à Paris pour le présenter le 2 décembre à S. M. l'empereur Napoléon III, le jour même de la proclamation de l'empire.

On remarquait aussi dans un appartement, l'armorial général de l'empire Français, contenant les armes de S. M. l'Empereur et Roi, du Prince, de sa famille, des grands dignitaires, princes, ducs, comtes, barons, chevaliers et celles des villes de 1re, 2e et 3e classes, par Henri Simon. Un magnifique bronze représentant Bonaparte à Wagram couronne la pendule de la cheminée. Cette pendule est sortie des ateliers de MM, Polti, frères, de Tours. Puis, une glace encadrée en passementeries de la fabrique de M. Julien, de Tours, chef-d'œuvre de patience, où de grandes difficultés de fabrication ont été vaincues. Cette glace a figuré à l'exposition de Londres et a été remarquée par tous les visiteurs, elle est placée en face de la porte d'entrée. A la suite sont les appartements des aides-de-camp de S. A. I. On a divisé la grande salle à manger de la Préfecture par des cloisons mobiles, qui forment des chambres pour les officiers de sa suite.

Le pavillon, nord desservi par un second escalier principal, a été disposé pour les appartements des ministres, du général d'Hautpoul et des autres personnages invités par le Prince. Dans cette transformation de l'hôtel, ordinairement si modeste, en somptueux palais enrichis par les décorations et par les ornements, on reconnaît partout le goût intelligent, la grâce, la prévoyance, de Madame Brun,

femme du préfet, qui a dirigé, surveillé elle-même toutes ces dispositions, ne voulant rien laisser au hasard du soin de couronner
heureusement ce long voyage du Prince. Tous les appartements de la
Préfecture ainsi que les salles de la mairie et du musée, ont été
ouverts à la disposition des visiteurs étrangers, des habitants de la
ville de Tours pendant trois jours de midi à 4 heures. Il serait impossible d'être fixé sur le nombre des personnes qui ont été admises à
visiter la belle ordonnance de tous ces appartements et de ces salles
de bal : huit jours après, toutes ces décorations avaient disparu et
Tours reprenait sa tranquillité, sa physionomie habituelles.

DÉPART DE TOURS.

Dès cinq heures du matin, les rues étaient encombrées de nombreux
étrangers arrivés depuis deux ou trois jours dans la ville de Tours
et qui désiraient voir encore une fois les traits augustes de Louis-
Napoléon et saluer son départ de leurs vives acclamations. Beaucoup
avaient passé la nuit à la belle étoile et n'avaient pas su s'organiser et
profiter des offres faites si gracieusement par les habitants et par
M. le maire, de logements gratuits.

Toute cette population étrangère et une grande partie des habitants
de la ville de Tours étaient réunies et massées sur le Mail et sur le
boulevard Heurteloup pour voir sortir S. A. de la Préfecture ; une
foule immense encombrait les rues, les abords de la gare et les rem-
plissait de leurs acclamations. Pour éviter les accidents, la troupe et
la police avaient peine à maintenir la curiosité publique dans des
mesures convenables; jamais la ville de Tours n'a été témoin d'un
enthousiasme semblable. Avant de quitter la Préfecture, le Prince a
gracieusement offert à Mademoiselle Suzanne Brun une fort belle
Sévigné, enrichie de brillants et d'émeraudes ; en s'adressant à
Mademoiselle Adrienne Brun, il lui a exprimé le regret de n'avoir,
en ce moment, rien qui fût digne de lui être présenté et lui a demandé
la permission de lui envoyer un souvenir aussitôt qu'il serait de retour
à Paris. Nous avons appris que quelques jours après, le Prince avait
adressé à Mademoiselle Brun une épingle délicieuse de bon goût,
montée en diamants.

Monseigneur l'archevêque, M. le maire, le conseil général, le
conseil municipal, un nombreux cortége des autorités militaires,
civiles et judiciaires réunis à la gare ont reçu les adieux du Prince
aux cris mille fois répétés de *Vive l'Empereur ! Vive Napoléon III !
Vive le Sauveur de la France !* Notre belle compagnie de pompiers,
commandée par M. Ott, n'a pas cessé de faire le service à la gare, à la
Préfecture, ainsi qu'au musée et à la mairie. Le Prince, vivement

satisfait de l'accueil qu'il a reçu dans notre ville, avant de la quitter, en a témoigné à plusieurs reprises sa satisfaction à M. le Préfet et à M. le maire et, sur la demande de M. Richemont, notre député, a donné 20,000 fr. à l'hospice général de Tours.

M. Didion, directeur, MM. le duc de Mouchy, vice-président du conseil, de Richemont, de Bourlon, administrateurs, M. de Forceville, chef du mouvement, ont reçu le Prince à son entrée dans la belle salle de la gare, décorée avec une rare élégance. M. le préfet, M. de Courtigis, commandant la 18me division, le général Marcel ont pris place dans le wagon d'honneur, disposé pour la solennité. Le train est parti à toute vapeur au milieu des salves d'artillerie desservie par la troupe du 23e de ligne en garnison à Tours et aux sons des cloches, et toute la population a assisté au départ pour acclamer et saluer de nouveau l'élu de la nation.

Pour terminer les belles fêtes organisées pour l'arrivée de S. A. I. le samedi 16, jour du départ, la fête s'est prolongée toute la journée.

Dès 10 heures du matin la foule s'est portée au Champ de Mars pour assister au gonflement du ballon le *Napoléon*. Jamais aérostat aussi volumineux n'avait paru dans notre ville, et c'était aussi pour la première fois que le gaz était employé pour le gonfler. A une heure, l'intrépide Paganini est montée dans la nacelle, elle était accompagnée de M. Deschamps. Bientôt, le mot: *lâchez tout !* s'est fait entendre et l'immense machine est montée dans les airs. Longtemps l'œil a suivi les deux courageux voyageurs qui, après avoir plané au-dessus du Champ-de-Mars et de la Loire, ont fini par s'élever à une hauteur qui ne permettait plus de les distinguer. L'air était calme et presque immobile, mais à une certaine hauteur le ballon trouva un courant S.-S. E. qui lui fit parcourir en moins de 40 minutes une ligne horizontale de près de 24 kilomètres. Dans sa plus grande hauteur le ballon a atteint, dit-on, 2,833 mètres. La descente s'est opérée dans les meilleures conditions à 1 heure 50 minutes sur le territoire de Pernay au lieu dit les Bois Gauthier. Bien accueillis par les habitants de Pernay, Mademoiselle Paganini et M. Deschamps étaient de retour dans notre ville à 6 heures et demie du soir. A l'ascension du ballon a succédé le carrousel exécuté par MM. les sous-officiers du 1er chasseurs, qui avaient bien voulu organiser une fête équestre au profit des pauvres de la ville de Tours, sous l'habile direction de M. d'Hebrail, leur capitaine instructeur, et du capitaine De Finances.

Aucun accident n'est venu interrompre la joie et l'entrain de toutes les populations agglomérées dans la ville de Tours dans les journées des 15 et 16 octobre. Le dimanche 17, on remarquait encore un nombre considérable d'étrangers, qui visitaient la cathédrale, le musée, la préfecture, l'hôtel-de-ville, le jardin botanique, l'hospice et les principaux monuments de la ville de Tours. Le 18, Tours avait repris sa tranquillité habituelle.

<hr/>

ARRIVÉE A AMBOISE.

Le parcours de Tours à Amboise s'est fait avec une grande rapidité et cette merveilleuse vallée de la Loire, si fertile et si riche de souvenirs historiques, s'est présentée aux yeux des illustres voyageurs; Montlouis, Vouvray, Vernou, Noizay n'ont fait qu'apparaître avec leurs arcs de triomphe couverts de devises ; leurs populations étaient échelonnées de chaque côté du chemin de fer et faisaient entendre leurs acclamations et le cri de vive l'Empereur.

Les édifices d'Amboise apparaissent bientôt. Le convoi s'arrête et les autorités réunies depuis neuf heures du matin reçoivent le Prince président dans la gare pavoisée et ornée pour cette occasion et dans laquelle un arc de triomphe avait été dressé par les soins de l'administration municipale d'Amboise. Cet arc de triomphe , surmonté de tours au dessus desquelles s'élevait une aigle aux ailes déployées portait pour inscription :

AQUILAS TURRIBUS INSIDERE JUVAT.

Le style, quoique sévère, était d'un bon effet. M. Brun a présenté à S. A. I. les autorités civiles et militaires, les maires du canton, le clergé, ainsi que les députations des communes environnantes qui s'étaient empressées de venir saluer S. A. I. à la descente du wagon et qui l'ont accompagnée jusqu'à l'estrade élevée sous l'arc de triomphe. Sur cette estrade, des dames en grand nombre qui n'avaient pas été empêchées par l'heure matinale de la fête, à en juger par le bon goût et la fraîcheur de leurs toilettes, ont offert des fleurs au Prince président, qui les a acceptées avec le sourire et la grace qui le caractérisent et les a recueillies avec le plus grand soin. S. A. a été reçue aux cris mille fois répétés de : *Vive l'Empereur !* par la foule qui se pressait autour de l'embarcadère.

La haie était formée par la belle compagnie des sapeurs-pompiers et par deux compagnies du 23e léger, un peloton de chasseurs à cheval était rangé en bataille en dehors de la gare. Voici le discours adressé par M. le curé d'Amboise à S. A. lors de sa descente du wagon impérial.

« Monseigneur,

« Le clergé de la ville d'Amboise, fidèle à sa mission, reste étranger à la politique, mais il ne saurait l'être au sentiment de reconnaissance que vous excitez dans tous les cœurs catholiques français. C'est pourquoi nous sommes heureux, Monseigneur, comme prêtre et comme citoyen de pouvoir vous offrir solennellement l'hommage de notre vive gratitude, de notre profond respect et des vœux ardents que nous faisons chaque jour monter vers le ciel pour le bonheur de V. A. I., si intimement unie au bonheur de la France. »

Le maire d'Amboise, s'est exprimé en ces termes :

« MONSEIGNEUR,

« Le maire de la ville d'Amboise vient au nom de ses concitoyens et des nombreux habitants des deux rives de la Loire, déposer aux pieds de V. A. I. l'expression de leur dévouement et de leur reconnaissance. Oui, Prince, en prenant la courageuse et périlleuse initiative de l'acte à jamais mémorable du 2 décembre, vous vous êtes montré le digne héritier du grand nom que vous portez. Vous fûtes le sauveur de la France, soyez-en le gardien. Veuille la Providence, vous inspirant des mêmes sentiments, accomplir l'œuvre que vous avez si heureusement commencée, en imprimant à nos institutions et à votre règne un caractère de force et de durée, qui puisse se traduire par votre avènement à l'empire. Tels sont les vœux que nous nous plaisons à former ; puissent-ils être bientôt exaucés. »

Le prince a répondu à M. le maire par les paroles les plus bienveillantes et a accueilli avec faveur quelques débris de nos gloires impériales que ce magistrat lui a présentés et qu'il a gratifié de ses largesses.

Le Prince s'est ensuite dirigé en voiture sous l'escorte des chasseurs, vers le château d'Amboise où il a annoncé à l'émir Abd-el-Kader sa mise en liberté; voici en quels termes :

« ABD-EL-KADER,

« Je viens vous annoncer votre mise en liberté. Vous serez conduit
« à Brousse dans les Etats du sultan, dès que les préparatifs néces-
« saires seront faits, et vous y recevrez du gouvernement français
« un traitement digne de votre ancien rang.

« Depuis longtemps, vous le savez, votre captivité me causait une
« peine véritable, car elle me rappelait sans cesse que le gouverne-
« ment qui m'a précédé n'avait pas tenu les engagements pris
« envers un ennemi malheureux, et rien à mes yeux de plus humi-
« liant pour le gouvernement d'une grande nation que de mécon-
« naître sa force au point de manquer à sa promesse. La générosité
« est toujours la meilleure conseillère, et je suis convaincu que votre
« séjour en Turquie ne nuira pas à la tranquillité de nos possessions
« en Afrique. Votre religion, comme la nôtre, apprend à se sou-
« mettre aux décrets de la Providence. Or, si la France est maîtresse

« de l'Algérie, c'est que Dieu l'a voulu et la nation ne renoncera
« jamais à cette conquête. » Ces nobles paroles ont vivement ému
l'ex-émir.

Après avoir exprimé à S. A. sa respectueuse et éternelle reconnaissance, il a juré sur le livre sacré du Koran, qu'il ne tenterait
jamais de troubler notre domination en Afrique et qu'il se soumettrait
sans arrière-pensée aux volontés de la France. Abd-el-Kader a ajouté
que ce serait bien mal connaître l'esprit et la lettre du prophète que
de penser qu'elle permet de violer les engagements pris envers les
chrétiens, et il a montré au Prince un verset du Koran, qui con-
damne formellement, sans exception ni réserve aucune, quiconque
viole la foi jurée, même aux infidèles. La joie de l'émir était calme et
digne ; il a baisé respectueusement la main de S. A. I. en lui témoi-
gnant sa vive gratitude. La mère de l'émir, en se jetant aux genoux
de leur libérateur, ne pouvait contenir son émotion. Les autres Arabes
s'inclinaient respectueusement et baisaient les habits du Prince.

Quant aux femmes et aux enfants, leur joie se traduisait par des
cris d'allégresse et d'autres démonstrations impossibles à décrire.
D'après cette visite, Abd-el-Kader a été autorisé à venir librement
à Paris. Il a usé de cette autorisation et est revenu à Amboise attendre
toutes les mesures prises pour assurer sa translation et sa résidence à
Brousse. Le Prince a quitté le château et est rentré dans la ville,
puis à la gare, accompagné des autorités. Les populations de cette
partie du département d'Indre-et-Loire massées autour de l'embarcadère n'ont cessé de l'acclamer par les cris de *Vive l'Empereur !
vive l'élu de la nation !* et déjà le convoi était bien éloigné que ces
cris se répétaient encore.

Nous ne terminerons pas cette petite notice historique sur le voyage
de Louis-Napoléon dans le département d'Indre-et-Loire, sans rappeler
ici, que si le discours prononcé à Bordeaux le 9 octobre et qui a trouvé
tant d'écho en France et à l'étranger, a placé la couronne impériale
sur la tête de Louis-Napoléon, Tours peut revendiquer à juste titre
son premier discours politique, celui enfin qui a fait connaître la
pensée intime et les vues de l'homme d'Etat qui sait apprécier et
connaître les besoins de son pays et que sa naissance et le suffrage
universel dans sa plus grande étendue possible, appelaient à gouverner
la France.

Ce discours politique est un document historique trop important
pour ne pas le donner en entier.

Au discours du maire qui traitait de questions indifférentes, le
Prince a répondu :

« Messieurs,

« Je dois remercier d'abord la ville de Tours de l'aimable accueil

« qu'elle m'a fait, mais je dois dire aussi que les acclamations dont je
« suis l'objet me touchent bien plus qu'elles ne m'enorgueillissent.
« J'ai trop connu le malheur pour ne pas être à l'abri des entraîne-
« ments de la prospérité.

« Je ne suis pas venu au milieu de vous avec une arrière-pensée,
« mais pour me montrer tel que je suis et non tel que la calomnie
« veut me faire.

« On a prétendu, on prétend encore aujourd'hui à Paris, que le
« gouvernement médite quelque entreprise semblable au 18 brumaire.
« Mais, sommes-nous dans les mêmes circonstances? Les armées
« étrangères ont-elles envahi notre territoire? La France est-elle
« déchirée par la guerre civile? Y a-t-il quatre-vingt mille familles
« en émigration? Y a-t-il trois cent mille familles mises hors la loi
« par la loi des suspects? Enfin, la loi est-elle sans vigueur, l'autorité
« sans force? Non; nous ne sommes pas dans une position qui néces-
« site de si héroïques remèdes.

« A mes yeux, la France peut être comparée à un vaisseau, qui,
« après avoir été balloté par les tempêtes, a trouvé, enfin, une rade,
« plus ou moins bonne, mais, enfin, où il a jeté l'ancre. Eh bien !
« dans ce cas, il faut radouber le navire, refaire son lest, rétablir
« ses mâts et sa voilure avant de se hasarder encore dans la pleine
« mer. Les lois que nous avons peuvent être plus ou moins défec-
« tueuses, mais elles sont susceptibles de perfectionnement.

« Confiez-vous donc à l'avenir, sans songer aux coups d'Etat et
« aux insurrections : les coups d'Etat aujourd'hui n'ont aucun
« prétexte, les insurrections n'ont aucune chance de succès, à peine
« commencées, elles seraient immédiatement réprimées. Ayez
« confiance dans l'Assemblée nationale et dans vos premiers magis-
« trats qui sont les échos de la nation et surtout comptez sur la pro-
« tection de l'être suprême qui, encore aujourd'hui, protége la
« France.

« Je termine en portant un toast à la prospérité de la ville de
« Tours. »

Ce discours a été interrompu à plusieurs reprises par d'unanimes et
chaleureux applaudissements.

Voici la réponse du Prince Louis-Napoléon au discours de M. le
Président de la chambre de Commerce de Bordeaux, dans le dîner
offert par la chambre à S. A. I. le 9 octobre 1852.

« Messieurs,

« L'invitation de la chambre et du tribunal de commerce de Bor-
« deaux, que j'ai acceptée avec empressement, me fournit l'occasion
« de remercier votre grande cité de son accueil si cordial, de son
« hospitalité si pleine de magnificence, et je suis bien aise aussi, vers
« la fin de mon voyage, de vous faire part des impressions qu'il m'a

« laissées. Le but de ce voyage, vous le savez, était de connaître par
« moi-même, nos belles provinces du midi, d'approfondir leurs
« besoins. Il a toutefois donné lieu à un résultat beaucoup plus
« important. En effet, je le dis avec une franchise aussi éloignée de
« l'orgueil que d'une fausse modestie, jamais peuple n'a témoigné
« d'une manière plus directe, plus spontanée, plus unanime, la
« volonté de s'affranchir des préoccupations de l'avenir, en consoli-
« dant dans la même main un pouvoir qui lui est sympathique.

« C'est qu'il connaît à cette heure et les trompeuses espérances
« dont on le berçait et les dangers dont il était menacé.

« Il sait qu'en 1852, la société courait à sa perte, parce que chaque
« parti se consolait d'avance du naufrage par l'espoir de planter son
« drapeau sur les débris qui pourraient surnager. Il me sait gré
« d'avoir sauvé le drapeau en arborant seulement le drapeau de la
« France.

« Désabusé d'absurdes théories, le peuple a acquis la conviction
« que les réformateurs prétendus n'étaient que des rêveurs, car il y
« avait toujours disproportion, inconséquence entre leurs moyens et
« le résultat promis.

« Aujourd'hui la France m'entoure de ses sympathies, parce que
« je ne suis pas de la famille des idéologues. Pour faire le bien du
« pays, il n'est pas besoin d'appliquer de nouveaux systèmes, mais
« de donner, avant tout, confiance dans l'avenir. Voilà pourquoi la
« France semble vouloir revenir à l'Empire.

« Il est néanmoins une crainte à laquelle je dois répondre. Par
« esprit de défiance, certaines personnes se disent : l'Empire, c'est
« la guerre. Moi, je dis : l'Empire, c'est la paix. C'est la paix, car
« la France le désire, et lorsque la France est satisfaite, le monde est
« tranquille. La gloire se lègue bien à titre d'héritage, mais non la
« guerre. Est-ce que les princes qui s'honoraient justement d'être les
« petits-fils de Louis XIV ont recommencé ses luttes ?

« La guerre ne se fait pas par plaisir, elle se fait par nécessité. Et,
« à ces époques de transition, où partout, à côté de tant d'éléments
« de prospérité, germent tant de causes de mort, on peut dire avec
« vérité : Malheur à celui qui le premier en Europe donnerait le
« signal d'une collision, dont les conséquences seraient incal-
« culables !

« J'en conviens, cependant, j'ai, comme l'Empereur, bien des
« conquêtes à faire. Je veux, comme lui, concourir à la conciliation
« des partis dissidents et ramener dans le courant du grand fleuve
« populaire, les dérivations hostiles qui vont se perdre sans profit
« pour personne.

« Je veux conquérir à la religion, à la morale, à l'aisance, cette
« partie encore si nombreuse de la population qui, au milieu d'un
« pays de foi et de croyance, connaît les préceptes du Christ ; qui,
« au sein de la terre la plus fertile du monde, peut à peine jouir de

« ses produits de première nécessité. Nous avons d'immenses terri-
« toires incultes à défricher, des routes à ouvrir, des ports à creuser,
« des rivières à rendre navigables, des canaux à terminer, notre
« réseau de chemin de fer à compléter; nous avons en face de
« Marseille, un vaste royaume à assimiler à la France ; nous avons
« tous nos grands ports de l'ouest à rapprocher du continent américain
« par la rapidité de ces communications qui nous manquent encore;
« nous avons partout, enfin, des ruines à relever, de faux dieux à
« abattre, des vérités à faire triompher.

« Voilà comment je comprendrais l'Empire, si l'Empire doit se
« rétablir. Telles sont les conquêtes que je médite et, vous tous qui
« m'entourez, qui voulez comme moi le bien de la France, de notre
« patrie, vous êtes mes soldats. »

DEUXIÈME PARTIE

Le département d'Indre-et-Loire compte 312,400 habitants, il est divisé en trois arrondissements communaux, 24 cantons et 281 communes.

Le premier arrondissement, Tours, préfecture, archevêché, 18ᵐᵉ division militaire, a 11 cantons, 126 communes, donnant 155,037 habitants et 47,593 électeurs inscrits.

Le deuxième arrondissement, Loches, sous-préfecture, a 6 cantons, 68 communes, donnant 65,641 habitants, 17,608 électeurs inscrits.

Le troisième arrondissement, Chinon, sous-préfecture, a 7 cantons, 87 communes, donnant 91,722 habitants, 27,342 électeurs inscrits.

RÉCAPITULATION GÉNÉRALE DU VOTE UNIVERSEL.

	Cantons	Communes	habitants	Électeurs
TOURS	11	126	155,037	47,593
LOCHES	6	68	65,641	17,608
CHINON	7	87	91,722	27,342
TOTAUX. —	24	281	312,400	92,543

VÉTÉRANS
DE
L'ARMÉE

ARRONDISSEMENT DE TOURS.

A. PLUTS, lith.

Chromolith CLAREY-MARTINEAU = de l'Harpe, 14, Tours.

PREMIER ARRONDISSEMENT

TOURS, PRÉFECTURE

—

11 CANTONS.

126 COMMUNES.

CANTON D'AMBOISE (14,963 hab).

4 Sections, 15 Communes.

Vote du 10 décembre : Inscrits 4,829 ; votants 4,081 ; oui 3,515.

AMBOISE.

Vote du 20 décembre : Inscrits 1,324 ; votants 1,135 ; oui 978.
BANNIÈRE en drap vert, lettres et passementeries en or.
Aigle doré aux ailes déployées, hampe bronzée, cravate tricolore, et les armes de la ville : Palé d'or et de gueules de six pièces au chef d'azur, chargé de trois fleurs de lys d'or.

L. N.
Amboise.
Dévouement et Reconnaissance.

Vote du 20 novembre : Inscrits 1,235 ; votants 931 ; oui 869.
MM. Trouvé, maire ; Guinot, Maglin (Alfred), adjoints : Conseiller municipaux, 23 : MM. Saint-Bris, Moreau, Maglin (Alfred), Gauché, Bigot, Soloman-Boureau, Goupil, Roy-Goissier, Bourgeois-Cerisier, Moreau-d'Argy, Compain, Lugé, Pinier (Georges), Bellin (Auguste), Michenet-Legendre, Leblanc-Daveau, Berge-Boureau, Peré père, Gallard (Thomas), Tournier, Bongendre aîné, Fullion-Mesliay, Goissier-Durand, Girard-Luseré, Gallois-Fulgence, Lhuillier-Leverti.

CANGEY.

Vote du 10 décembre : Inscrits 251 ; votants 228 ; oui 222.
BANNIÈRE mérinos bleu de France, lettres et passementerie en argent.
Aigle doré aux ailes déployées, hampe bronzée, cravate tricolore.

L. N.
Cangey.
Au Prince Louis-Napoléon.

Vote du 20 novembre : Inscrits 213 ; votants 232 ; oui 226.
MM. Menjot, maire ; Proupron, adjoint : Conseillers municipaux, 12 : Leduc (Hilaire), Pourpron (Silvain), Menjot (Paul), Huguet (Pierre), Bigoreau, Bertin (François), Coutaux (Jean), Vernier (Yvan), Bodin Martin, Fouché (François).

CHARGÉ.

Vote du 20 décembre : Inscrits 112 ; votants 109 ; oui 107.
BANNIÈRE mérinos vert, lettres et passementeries en or.
Aigle doré aux ailes déployées, hampe bronzée, cravate tricolore.
L. N.
Chargé.
Vive Louis-Napoléon.
Vote du 20 novembre : Inscrits 109 ; votants 109 ; oui 109.
Maire, Pequet ; adjoint, Mangeant-Colesse : Conseillers municipaux, 10 : MM. Pequet, Mangeant, Pastuerre (Jules), Mangeant-Duserf, Fanget (François), Mangeant (Thomas), Mangeant (Denis), Gauthier (Barthélemy), Mangeant (Renier), Beautard.

—

SAINT-DENIS-HORS.

Vote du 20 novembre : Inscrits 361 ; votants 362 ; oui 319 .
BANNIÈRE soie bleue, lettres et passementeries en or, le fond parsemé d'abeilles d'or.
Aigle doré aux ailes déployées, hampe bronzée, cravate tricolore.
Alta petit.
Nos cœurs sont à vous.
Saint-Denis-Hors.
Vote du 20 novembre : Inscrits 378 ; votants 338 ; oui 335.
Maire, Deslandes-Orière ; adjoint, Nau-Pelletier : Conseillers municipaux, 12 : MM. Mangeant (Désiré), Hubert-Mangeant, Bailly (André), Descots (Renaud), Gurget-Bonnet, Deslandes-Orière, Rondeau, Monick (Frédéric), Perreau (Antoine), Gallianne-Hilaire, Nau-Peltier, Commençais-Guétault.

—

LIMERAY.

Vote du 20 décembre : Inscrits 368 ; votants 322 ; oui 320.
BANNIÈRE mérinos bleu de ciel, lettres et passementeries en or.
Aigle doré aux ailes déployées, hampe bronzée, cravate tricolore.
L. N.
A Louis-Napoléon,
Dieu protége en lui le Sauveur de la France.
Vive l'Empereur.
Vote du 20 novembre : Inscrits 376 ; votants 306 ; oui 302.
Maire, M. Bodin ; adjoint, M. Coellier-Lucasseau : Conseillers municipaux, 12 : MM. Desain (Charles), Levesque (Louis), Daburon-Chevenon, Diet-Chapuy, Bodin (Louis), Thomas-Luzé, Coellier-Lucasseau, Maloiseau-Deniau, Drouard (Philippe), Lejean-Charon, Duboy-Dubois, Peignier (Louis).

LUSSAULT.

Vote du 20 décembre : Inscrits 158 ; votants 151 ; oui 145.

Bannière coton vert, lettres orange, hampe bronzée, cravate tricolore.

L. N.
Lussault.
Vive l'Empereur.

Vote du 20 novembre : Inscrits 157 ; votants 153 ; oui 153.

Maire, Gidoin ; adjoint, M. Auger : Conseillers municipaux, 10 : Gidoin-Auger, Serreau, Meunier, Joly, Massoteau (François) fils, Meunier (Alexandre), Dupain (Jean), Preteseille (Jean), Maloiseau (Louis), Dardeau (Charles).

SAINT-MARTIN-LE-BEAU.

Vote du 20 décembre : Inscrits 460 ; votants 396 ; oui 392.

Bannière mérinos vert, lettres et passementeries en or.
Aigle doré aux ailes déployées, hampe bronzée, cravate tricolore.
À Louis-Napoléon.
Saint-Martin-le-Beau
Reconnaissant.

Vote du 20 novembre : Inscrits 442 ; votants 354 ; oui 351.

Maire, M. de Beaufort ; adjoint, Avenet-Vernon : Conseillers municipaux, 12 : MM. Gaucher-Sicard, de Laluissant-Millet, de Beaufort, Pillault (Auguste), Avenet-Vernon, Habert (Gilles), Meunier-Gautron, Coullon, Feslan-Avenet, Brian-Bodin, Régnier-Lemoine, Esnault-Regnaud.

MONTREUIL.

Vote du 20 novembre : Inscrits 147 ; votants 138 ; oui 138.

Bannière mérinos bleu de France, lettres et passementeries en or.
Aigle doré aux ailes déployées, hampe bronzée, cravate tricolore.
L. N.
Montreuil.
Vive Louis-Napoléon.

Vote du 20 novembre : Inscrits 155 ; votants 136 ; oui 136.

Maire, M. Breusin ; adjoint, M. Moreau : Conseillers municipaux, 12 : MM. Breusin (Casimir), Hoyon (Louis), Morisseau, Moreau (Joseph), Mercier (André), Lenain (Pierre), Moisan (Claude), Briais (Jean), Tenier (Jacques), Vigneau (Pierre), Dubreuil (François), Lenain (François).

MOSNES.

Vote du 20 décembre : Inscrits 299, votants 285 ; oui 275.
Bannière mérinos vert-président, lettres et passementeries argent.
Aigle doré aux ailes déployées, hampe bronzée, cravate tricolore.

À Louis-Napoléon,
La commune de Mosnes reconnaissante.

Vote du 20 novembre : Inscrits 362 ; votants 317 ; oui 308.
Maire, M. Bouffé ; adjoint, Vernon-Pasquier : Conseillers municipaux, 12 : MM. Bouffé (Vincent), Marchand (Denis), Legendre (Louis), Vernon-Pasquier, Gayard (Jean-Baptiste), Vernon (Silvain), Baron (Athanase), Nouveaux (Thomas), Perthuis (Forentin), Pasfras (Pierre), Vernon (Bernard), Boistard (Alexandre).

NAZELLES.

Vote du 20 décembre : Inscrits 333, votants 312 ; oui 301.
Bannière mérinos vert, lettres et passementeries en or.
Aigle doré aux ailes déployées, hampe bronzée, cravate tricolore.

L. N.
Nazelles.
20 *Décembre, Union et Force.*

Vote du 20 novembre ; Inscrits 362 ; votants 317 ; oui 308.
Maire, M. Faré ; adjoint, M. Portier : Conseillers municipaux, 12 : MM. Ballureau (François), Lemaître (Louis), Thomas (Jean), Dumurois (Jean), Mabille (Camille), de Langlois (Michel), Nau-Vincendeau, Tortay (Charles), Mauvisseau (Silvain), Arnould (Michel) fils, Gibert-Roulette (Joseph), Mabille (Abraham) père.

NÉGRON.

Vote du 20 décembre : Inscrits 75 ; votants 71 ; oui 67.
Bannière mérinos vert, lettres et passementeries en or.
Aigle doré aux ailes déployées, hampe bronzée, cravate tricolore.
L. N.
Négron.
Vive Napoléon, Empereur,
Sauveur de la France.

Vote du 30 novembre : Inscrits 76 ; votants 75 ; oui 71.
Maire, M. Gallier-Douet ; adjoint, Patin-Roguet : M. Conseillers municipaux, 10 : MM. Cheveau (Louis), Perruchot-Gallier, Billault-Ducerf, Gallier-Grégoire, Patin (Denis), Bllault-Pinier, de Bridieu (Amédée), Baillet-Cheveau, Petit (Pierre) père, Perruchot (Claude.)

SAINT-OUEN.

Vote du 20 décembre : Inscrits 218 ; votants 207 ; oui 202.
BANNIÈRE mérinos bleu de France, lettres et passementeries argent.
Aigle doré aux ailes déployées, hampe bronzée, cravate tricolore.

L. N.
Saint-Ouen.
Au Sauveur de la France.

Vote du 20 novembre : Inscrits 234 ; votants 210 ; oui 204.

Maire, M. Thibault ; adjoint, M. Gentil-Moisan ; Conseillers municipaux, 12 : MM. Breton (Charles), Thibault (Joseph), de Gourgault (Ernest), Dubois (Gatien), Genty-Moisan, Vigneau (Pierre), Dubois-Vincendeau, Mesoreux (Ambroise), de Lahaye-Boiveau, Cuvier-Custeau, Guttier (Félicité), Belany (François).

—

POCÉ.

Vote du 20 décembre : Inscrits 333 ; votants 316 ; oui 278.
BANNIÈRE mérinos bleu de France, lettres et passementeries en or.
Aigle doré aux ailes déployées, hampe bronzée, cravate tricolore.

A
L. N.
Stabilité de son Gouvernement.
Pocé.

Vote du 20 novembre : Inscrits 346 ; votants 312 ; oui 299.

Maire, M. Torin ; adjoint, M. Tessier-Tessier ; Conseillers municipaux, 12 : MM. Raimbault (René), Cerisier (René), Deculot-Deuil, Banois (Pierre), Lecoté (Louis), Camus (Auguste), Gaudreau, Brault (Antoine), Renier (Alexandre), Tessier-Tessier, Hudson (Charles), Nau (Silvain).

—

SAINT-RÈGLE.

Vote du 20 décembre : Inscrits 94 ; votants 86 ; oui 86.
BANNIÈRE en mérinos vert, lettres et passementeries en or.
Aigle doré aux ailes déployées, hampe bronzée, cravate tricolore.

L. N.
Saint-Règle.
Vive Louis-Napoléon.

Vote du 20 novembre : Inscrits 90 ; votants 81 ; oui 80.

Maire, M. de Sainte-Ville ; adjoint, M. Niquet ; Conseillers municipaux, 10 : MM. de Sainte-Ville, Saunier, Dré, Haron, Pouillaud, Frimeau, Laboureau, Tessier (Pierre), de la Chaise (Victor), Auger (Auguste).

—

SOUVIGNY.

Vote du 20 décembre : Inscrits 207 ; votants 194 ; oui 189.

BANNIÈRE en mérinos vert, lettres et passementeries en or.

Aigle doré aux ailes déployées, hampe bronzée, cravate tricolore.

L. N.

Souvigny.

Au Sauveur de la France.

Vote du 20 novembre : Inscrits 216 ; votants 152 ; oui 152.

Maire, M. Bridel ; adjoint ; M. Cerisier ; Conseillers municipaux, 12 : MM. Bridel (Pierre), Censier (Silvain), Rose-Guéret (François), Nouveau-Bigot, Demarolles (Charles), Arricot (André), Bodin (François), Nouveau (François), Petit (Silvain), Laurent (Joseph), Boutier (François), Lecomte-Morin (Charles).

CANTON DE BLÉRÉ (15,371 habitants).

4 Sections, 15 Communes.

Vote du 10 décembre : Inscrits 4,840 ; votants 4,091 ; oui 3,770.

ATHÉE.

Vote du 20 décembre : Inscrits 487 ; votants 414 ; oui 401.
BANNIÈRE en mérinos vert-président, lettres et passementeries orange.
Aigle doré aux ailes déployées, hampe bronzée, cravate tricolore.

L. N.
Athée.
La destinée de la France.

Vote du 20 novembre : Inscrits 487 ; votants 388 ; oui 385.
Maire, M. Lesueur ; adjoint, M. Grasteau ; Conseillers municipaux, 12 : MM. Lubert (Charles-Pierre), Lesueur (Jean), Roguet (Denis) ; Grasteau (René), Houssard (Charles), Raimbault (Silvain), Mazouer (Hégésippe), Moreau (René), Avenet (François), Serrault (Jacques), Bondonneau (Michel), Belluot (Jean).

AZAY-SUR-CHER.

Vote du 20 décembre : Inscrits 433 ; votants 396 ; oui 361.
BANNIÈRE en soie bleue, lettres et passementeries en argent.
Aigle doré aux ailes déployées, hampe dorée, cravate tricolore.

L. N.
Azay-sur-Cher.
Vive Louis-Napoléon, Empereur

Vote du 20 novembre : Inscrits 443 ; votants 373 ; oui 368.
Maire, M. Vincent ; adjoint, M. Hardouin ; Conseillers municipaux, 12 : MM. Hardouin, Vincent, de Hennery, Bidault, Galop, Pillault (Gatien), Bournais-Roger, Gautron-Roguet, Huret-Capillon, Perrigault-Chaillou, Roguet-Royer, de la Fontaine père.

BLÉRÉ.

Vote du 20 décembre : Inscrits 1,095 ; votants 946 ; oui 882.

Bannière soie verte, lettres et passementeries en or.

Aigle doré aux ailes déployées, hampe bronzée, cravate tricolore.

Bléré.

Les bons sont rassurés en le voyant paraître,
Et les méchants tremblants ont reconnu leur maître.

Avec une N entourée de lauriers et surmontée d'une couronne.

Vive l'Empereur.

Vote du 20 novembre : Inscrits 1,073 ; votants 884 ; oui 868.

Maire, M. Durand-Couéseau; adjoints, MM. Paillard-Cochard, Marcel; Conseillers municipaux, 23: MM. Bulot-Suzor, Durand-Couéseau, Hélie, Henisson (Louis) père, Bery, Belluot, Nabon, Remeau, Horie, Henon (Gabriel), Marcel, Ringuet, Belluot-Dubourg, Arnault (Élie), Minier-Chabault, Lemaître, Pays, Girard père, Paillard-Gumeau, Vincendeau-Delabarre, Belluot, Jairy, Cruchon-Valadon, Blanchet (Joseph), Dubois-Touchard, Vonet (Zéphirin), Cousin-Bonroy.

—

CÉRÉ.

Vote du 20 décembre : Inscrits 261 ; votants 238 ; oui 233.

Bannière coton bleu, lettres et passementeries rouges.

Aigle doré aux ailes déployées, hampe bronzée, cravate tricolore.

L. N.

Céré.

Au Sauveur de la France.

Vote du 20 novembre : Inscrits 273 ; votants 249 ; oui 247.

Maire, M. Moulin; adjoint, M. Thireau; Conseillers municipaux, 12: MM. Hénault (Joseph), Maupouet (Jean), Clément (Clément), Barillet-Martin, Aviron (Louis), Moreau-Chauvigny, Poirier (Adolphe), Desmarest (Désiré), Dusaunier (Émile), Masson (Silvain) père, Dret (Jean), Baudouin (Rémi).

—

CHENONCEAUX.

Vote du 20 décembre, Inscrits 134 ; votants 131 ; oui 125.

Bannière soie bleue, lettres et passementeries en or.

Aigle doré aux ailes déployées, hampe bronzée, cravate tricolore.

L. N.

Chenonceaux.

Foi promise et gardée.

Vote du 20 novembre : Inscrits 131 ; votants 123 ; oui 123.

Maire, M. de Villeneuve; adjoint, M. Dupuy; Conseillers municipaux, 10 : MM. le comte de Villeneuve, Dupuy (Louis), Allain-Quentin, Moquet (Jacques), Morillon (Mathieu), Foucher (Frédéric), Charlot (Charles), Duportal (Charles), Méchin (Étienne), Chicoisneau (Louis-Joseph).

CHISSEAUX.

Vote du 20 décembre : Inscrits 228 ; votants **218** ; oui **217**.
BANNIÈRE mérinos vert lettres et passementeries en or.
Aigle doré aux ailes déployées, hampe bronzée, cravate tricolore.

L. N.

Chisseaux.

Vive Napoléon III, Sauveur de la France.

Vote du 20 novembre : Inscrits 231, votants 221, oui 221.

Maire, M. Reverdy ; adjoint, M. Brault : Conseillers municipaux, 12: MM. Brugin (Christophe), Denis (Claude) père, Brault (André) père, Foucher (Claude), Reverdy (Charles), Guérine (Jean) père, Dangé (Jacques) père, Courard (Alexandre), Pinon-Buré, Pellé (Silvain), Lanchy (Jean-Baptiste), Simon (André).

———

CICOGNÉ.

Vote du 20 décembre : Inscrits 114 ; votants 100 ; oui 100.
BANNIÈRE coton bleu, lettres et garnitures orange.
Aigle doré aux ailes déployées, hampe bronzée, cravate tricolore.

L. N.

Cicogné.

Au 20 Décembre.

114 électeurs, 100 votants, 100 oui.

Vote du 20 novembre : Inscrits 110 ; votants 98 ; oui 97.

Maire, M. Brault ; adjoint, M. Gallicher ; Conseillers municipaux, 10: MM. Guépier (Louis), Veillant (Julien), Allouard, Gallicher, Briault de Benoist, Gallicher (Julien), Champion-Babunet, Benoist (Louis), Gallicher-Gaudion, Arrault (Charles).

———

CIVRAY-SUR-CHER.

Vote du 20 décembre : Inscrits 343 ; votants 309 ; oui **290**.
BANNIÈRE mérinos bleu de ciel, lettres et passementeries en or.
Aigle doré aux ailes déployées, hampe bronzée, cravate tricolore.

L. N.

Civray-sur-Cher.

Vive l'Empereur Napoléon III.

Vote du 20 novembre : Inscrits 355 ; votants ; 231 ; oui **228**.

Maire, M. de la Brousse ; adjoint, M. Villemaine : Conseillers municipaux, 10: MM. Tessier-Lhermite, Benoin (André), Bouger, Cousin (Clément), de la Brousse, Vahay (Silvain) fils, Maloiseau père, Villemaine (Saturnin), de Létang (Thomas), Métivier (Pierre), Raymon (Claude-Olivier).

COURÇAY.

Vote du 20 décembre ; Inscrits 225 ; votants 210 ; oui 208.
La commune n'a pas été représentée par une bannière.

Vote du 20 novembre : Inscrits 233 ; votants 158 ; oui 158.
Maire, M. Lefebre ; adjoint, M. Fonquerny ; Conseillers muni-
cipaux, 12 : MM. Gorron (Louis), Lefebre, Picquemare (Julien), Fon-
querny, Gagneron (Louis), Bienvault (Jacques), Blondeau (Jean),
Gorron (Théodore), Bonnet (Jean), Thibault (Jacques), Saget (Pierre),
Lavier (Jacques).

LA CROIX.

Vote du 20 novembre : Inscrits 477 ; votants 387 ; oui 300.
Bannière soie verte, fond parsemé d'abeilles d'or, passementeries
et lettres en or.
Aigle doré aux ailes déployées, hampe bronzée, cravate tricolore.
L. N.
La Croix.
Vive Napoléon.
Vote du 20 novembre : Inscrits 471 ; votants 389 ; oui 364.
Maire, M. Bacot (César) ; adjoint, M. Nau de Noizay ; Conseillers
municipaux, 15 : MM. Badier-Bertin, Bacot (César), Boullet (Prosper),
de la Grange, Bellin (Achille), Tessier-Godeau, de Château-Moraud,
Leroux-Dugenet, Doumas (Jacques), Nau de Noizay, Bedouet,
Serée-Nabon, Simier-Tessier, Doumas-Badier, Gounin (Étienne).

DIERRE.

Vote du 20 décembre ; Inscrits 191 ; votants 183 ; oui 182.
Bannière mérinos vert, lettres et passementeries en or.
Aigle doré aux ailes déployées, hampe bronzée, cravate tricolore.
L. N.
Dierre.
Vive Louis-Napoléon.
2 et 20 décembre.
Vote du 20 novembre ; Inscrits 196 ; votants 177 ; oui 176.
Maire, M. Froumy ; Adjoint, M. Godeau-Percereau ; Conseillers
municipaux, 12 : MM. Froumy-Bondonneau (Pierre), Gablot-
Froumy, Godeau-Percereau, Gibert-Froumy, Chrétien-Godeau,
Colon (Clément), Tessier-Avenet, Percereau-Lecave (Joseph),
Delamarre (Armand).

ÉPEIGNÉ-LES-BOIS.

Vote du 20 décembre : Inscrits 145 ; votants 139 ; oui 139.
BANNIÈRE coton vert, lettres et passementeries orange.
Aigle doré aux ailes déployées, hampe bronzée, cravate tricolore.

L. N.

Épeigné-les-Bois.
A Napoléon le bien-aimé,
Au 10 décembre, tous oui.

Vote du 20 novembre : Inscrits 152 ; votants 135 ; oui 135.
Maire, M. Serrault ; adjoint, Besnard fils ; Conseillers muni-
cipaux, 12 : MM. Serrault, Beranet (Joseph, Guillan (Louis),
Sereau (Gilles), Moreau (Grégoire), Legrand (Silvain), Fouassier
(Silvain), Barbin-Hénault, Fameau (Jean), Besnard (Grégoire),
Minier (Pierre), Foucher-Loiseau.

FRANCUEIL.

Vote du 20 décembre : Inscrits 357 ; votants 336 ; oui 333.
BANNIÈRE soie bleue, lettres et passementeries en or.
Aigle doré aux ailes déployées, hampe bronzée, cravate tricolore.

L. N.

Francueil.
Au Sauveur de la France.

Vote du 20 novembre : Inscrits 361 ; votants 324 ; oui 324.
Maire, M. Serreau ; adjoint, M. Georget ; Conseillers muni-
cipaux, 12 : MM. Serreau-Bouge (Étienne), Georget-Varlin (Louis),
Jacquelin Thomas, Pinon-Bouge, Gaudin (Louis), Roger (Pierre),
Cormier (Noël), Varlin-Bouge, Vaultier-Aubry, Minier-Gaudion,
Morillon (Mathias), Pitancier-Briau.

LUZILLÉ.

Vote du 20 décembre : Inscrits 435 ; votants 412 ; oui 408.
BANNIÈRE mérinos bleu de ciel, lettres et passementeries en or.
Aigle doré aux ailes déployées, hampe bronzée, cravate tricolore.

L. N.

Luzillé.
Élection 20 décembre.
435 électeurs inscrits ; 412 votants ; oui 408.

Vote du 20 novembre : Inscrits 426 ; votants 397 ; oui 394.
Maire, M. Chevalier ; adjoint, M. Céré ; Conseillers muni-
cipaux, 12 : Motte (Silvain), Houzet (Victor), Bisson (Jean) fils,
Chevalier (Louis), Huguet (Denis) père, Leclaire (Jacques), Auvray
(Étienne) père, Voultier (Maurice) père, Brepin, Pellé-Martin père.

SUBLAINES.

Vote du 20 décembre : Inscrits 91 ; votants 89 ; oui 88.

La commune n'a pas été représentée par une bannière, par insuffisance de fonds communaux.

Sublaines.

Vote du 20 novembre : Inscrits 92 ; votants 60 ; oui 60.

Maire, M. Besnard-Gaulpier ; adjoint, M. Girollet ; Conseillers municipaux, 10 : MM. Besnard-Gaulpier, Fouassier (Jean), Girollet (Jean), Besnard-Pinaud, Champion (Simon), Gabillet (Étienne), Fouché (Silvain), Harnois (Silvain), Menou (Silvain), Mesnard-Saget.

CANTON DE CHATEAURENAULT

(11,823 habitants).

4 Sections, 15 Communes.

***

Vote du 10 décembre : Inscrits 3,376 ; votants 2,853; oui 2,143.

***

AUTRÈCHE.

Vote du 20 décembre : Inscrits 105 ; votants 99 ; oui 72.
BANNIÈRE mérinos bleu, lettres et passementeries argent.
Aigle doré aux ailes déployées, hampe bronzée, cravate tricolore.

L. N.
Autrèche.
A l'héritier de l'empire.

Vote du 20 novembre : Inscrits 114 ; votants 108 ; oui 107,
Maire, M. Gabeau ; adjoint, M.   ; Conseillers municipaux, 10 : MM. Morlaix (Jacques), Fouchard (Alexandre), Mahoudeau (Gabriel), Archeacon, Gabeau (Armand), Pinier (Claude), Tranchant (Josep), Rabouin (Charles-Pierre), Tranchant (Michel), Collet (Michel) père.

***

AUZOUER.

Vote du 20 décembre : Inscrits 187 ; votants 174 ; oui 171.
BANNIÈRE mérinos groseille, lettres argent.
Aigle doré aux ailes déployées, hampe bronzée, cravate tricolore.

L. N.
Auzouer.
Hommage au Sauveur de la France.

Vote du 20 novembre : Inscrits 194 ; votants 160 ; oui 159.
Maire, M. Thiélin ; adjoint, M. Chanteloup ; Conseillers municipaux, 12 : MM. Ligneau, Chanteloup, Thiélin, Roy, Guinon, Touzard, Contyl, Crochard, Lelong, Alliot, Bouvet-Creuzot, Lisée,

LE BOULAY.

Vote du 20 décembre : Inscrits 172 ; votant 155 ; oui 130.
BANNIÈRE mérinos vert, lettres et passementeries en or.
Aigle doré aux ailes déployées, hampe bronzée, cravate tricolore.

L. N.
Le Boulay.
Vive l'Empereur.

Vote du 20 novembre : Inscrits 174 ; votants 124 ; oui 123.
Maire, M. Voyer ; adjoint, M. Touzard ; Conseillers municipaux, 12 : MM. Boucher (Aimé), Boucassier (Achille), Ragot (Joseph), Veau (Ambroise), Champion (Pierre), Guenault (François), Veau (Antoine), Delanoue (Joseph), Lenoutre (René), Voyer (Alfred), Alliot (Nicolas), Richer-Vernat.

CHATEAURENAULT.

Vote du 20 décembre : Inscrits 1,007 ; votants 833 ; oui 579.
BANNIÈRE soie verte, lettres et passementeries en or.
Aigle doré aux ailes déployées, hampe bronzée, cravate tricolore.
Hommage au Prince-Président.
Châteaurenault.
Atelier de tannerie de Bienvenu aîné,
Négociant, à Tours.

Avec L.-N entouré de lauriers et surmonté de la couronne impériale.
BANNIÈRE de la ville de Châteaurenault, soie verte, lettres et passementeries en or.
Aigle doré aux ailes déployées, hampe bronzée, cravate tricolore.

L, N.
Châteaurenault.
Hommage à Napoléon.

Maire, M. Pesson ; adjoints, M. Peltereau, M. Lecoq ; Conseillers municipaux, 21 : MM. Duveau-Armenault, Jodeau (Isidore), Foucher-Cirille, Chauveau-Meunier, Mercier-Brisset, Triquet-Billault, Lecoq (Florentin), Pesson (Alphonse), Bouchet-Auché, Peltereau (Placide) père, Gendron (Édouard), Contention (Alfred), Sornet-Heurtault, Peltereau-Villeneuve, Leblanc (Rémy), Berger (Jules), Morin (Placide) père, Vernet (Auguste), Brisset (René), Jumeleau (Alexandre).

CROTELLES.

Vote du 20 décembre : Inscrits 136 ; votants 133 ; oui 133.
Bannière soie bleu, lettres et passementeries argent.
Aigle doré aux ailes déployées, hampe bronzée, cravate tricolore.
L. N.
Crotelles.
Vive Louis-Napoléon.

Vote du 20 novembre : Inscrits 143 ; votants 132 ; oui 142.
Maire, M. Richer; adjoint, M. Pénilleau ; Conseillers muni-
cipaux, 10: MM. Richer (Prosper), Pénilleau (Silvain), Ruer (Pierre),
Fagu (Pierre) père, Fagu (Pierre) fils, Gauthier (Jacques), Ruer
(Gatien), Durand (Alexandre), N. et N.

DAME-MARIE.

Vote du 20 décembre : Inscrits 151 ; votants 142 ; oui 136.
La commune n'a pas été représentée par une bannière, par insuf-
fisance des fonds communaux.

Vote du 20 novembre : Inscrits 153; votants 128 ; oui 127.
Maire, M. Bertin; adjoint, M. Morlais ; Conseillers municipaux,
12 : MM. Bertin, Porcher (Pierre), Berger (Julien), Morlais, Pinson
(Joseph), Roy (François), vicomte de Maupas, Maugueret (Louis),
Loiseau (Joseph), Foulard (Michel), Desneux (Jean), Chauveau(Louis).

LES HERMITES.

Vote du 20 décembre : Inscrits 278 ; votants 546 ; oui 231.
Bannière mérinos bleu, lettres et passementeries en argent.
Aigle doré aux ailes déployées, hampe bronzée, cravate tricolore.
Les Hermites
A Louis-Napoléon
La France reconnaissante.

Vote du 20 novembre : Inscrits 293; votants 244 ; oui 224.
Maire, M. Legay; adjoint, M. Rogerieux ; Conseillers muni-
cipaux, 12: MM. Chevreau (Louis), Corbion (Alexis), Pescheron
(André), Neveu (Jean), Legeay (Michel), Luquet (Jean-Baptiste),
Desneux (Jean) fils, Gardien (Henri), Mulot (Mathurin), Chaintron-
Maillet, Doisteau (François) père, Chauveau (Louis).

SAINT-LAURENT-EN-GATINES.

Vote du 20 décembre : Inscrits 243 , votants 210 ; oui 206.
Bannière mérinos vert, lettres et passementeries en or.
Aigle doré aux ailes déployées, hampe bronzée, cravate tricolore.

L. N.
Saint-Laurent-en-Gatines.
A Louis-Napoléon le Sauveur de la France.

Vote du 20 novembre : Inscrits 258 ; votants 206 ; oui 206.
Maire, M. Jamin ; adjoint, M. Gondeau ; Conseillers muni-
cipaux, 12: MM. Jamin (Jacques), Bruère (Pierre), Corbin (Jean-
Baptiste), Gondeau (Basile), Chiquand (Victor), Bruère (Louis),
Courtois (Jean), Boulais (Pierre), Noyau (Étienne), Barbereau
(Ours), Sernat (François), Taru (Narcisse).

MONTHODON.

Vote du 20 décembre : Inscrits 233 ; votants 210 ; oui 186.
Bannière mérinos groseille, lettres et passementeries blanches.
Aigle doré aux ailes déployées, hampe bronzée, cravate tricolore.

L. N.
Au Sauveur de la France.

Vote du 20 novembre : Inscrits 239 ; votants 186 ; oui 183.
Maire, M. Veau ; adjoint, M.   : Conseillers municipaux,
12: MM. Jaglin, Melean, Corbin, Veau, Billon, Mercier, Leclerc,
Tardiveau, Fortin, Letrot, Fereau, Leclerc (Antoine).

MORAND.

Vote du 20 décembre : Inscrits 98 ; votants 96 ; oui 94.

L'éloignement de Tours et l'insuffisance des fonds communaux
ont empêché cette commune d'être représentée par une bannière.

Vote du 20 novembre : Inscrits 106 ; votants 97 ; oui 97.
Maire, M. Delahaye ; adjoint, M. Baudet ; Conseillers muni-
cipaux, 9 : MM. Jamain (Louis), Baudet, Reverdy (Alexandre),
Thiélin (Louis), Preteseille (Joseph), Berruer (Silvain), Mortier
(Denis), Brossillon (Jean), Avril (François),

NEUVILLE.

Vote du 20 décembre : Inscrits 66 ; votants 62 ; oui 61.
Bannière mérinos vert, lettres et passementeries en or.
Aigle doré aux ailes déployées, hampe bronzée, cravate tricolore.

À Louis Napoléon
La commune de Neuville
Reconnaissante.

Vote du 20 novembre : Inscrits 66 ; votants 59 , oui 59.
Maire, M. Foucher; adjoint, M. Mélian ; Conseillers municipaux, 10 : MM. Cadiou (Paul), Bordier (Paul), Bouche (Hippolyte), Foucher (Louis), Jaglin (Noël), Latour (Jean-René), Mélian-Bordier, Serreau (Jean), Rezé (Jean), Gillochon (René).

SAINT-NICOLAS-DES-MOTETS.

Vote du 20 décembre : Inscrits 74 ; votants 69 ; oui 68.

Le Maire étant gravement indisposé, la commune n'a pas été représentée par une bannière.

Vote du 20 novembre : Iscrits 79 ; votants 77 ; oui 76.
Maire, M. Quinchamp; adjoint, M. Barbotin ; Conseillers municipaux, 10 : MM. Quinchamp, Thiélin , Barbotin , Fleur (Louis), Deniau (Louis), Mortier-Cruchet, Brouilleau , Rebousson (Jean), Girault (Jean), Faucheux (François).

NOUZILLY.

Vote du 20 décembre : Inscrits 309 : votants 266 ; oui 257.
Bannière mérinos bleu de France, lettres et passementeries on or.
Aigle doré aux ailes déployées, hampe bronzée, cravate tricolore.

L. N.
Nouzilly.
Vive Louis-Napoléon.

Vote du 20 novembre : Inscrits 315 ; votants 234 ; oui 233.
Maire, M. Manuel : adjoint, M. Billard ; Conseillers municipaux, 12 : MM. Fagu (Guillaume), Manuel (Edmond), Toulmay (François), Devis-Bruère (Jacques), Foucher-Cyr, Billard (Pierre), Aubert-Jamain , Brossard (Urbain), Lusarche-Plancher, Brindelet, Genty.

SAUNAY.

Vote du 20 décembre : Inscrits 159 ; votants 137 ; oui 122.
BANNIÈRE mérinos vert, lettres et passementeries en or.
Aigle doré aux ailes déployées, hampe bronzée, cravate tricolore.

A Louis-Napoléon,
La commune de Saunay
Reconnaissante.

Vote du 20 novembre : Inscrits 159 ; votants 135 ; oui 133.
Maire, M. Berger ; adjoint, M. Lenay ; Conseillers municipaux, 12 : MM. Lenay-Roy (François), Berger (Alexandre), Lenay-Foucher, Couturier (Frédéric) fils, Bouvet (Pierre), Renault (François), Royer (Louis) père, Toutant (Thomas) fils, Loiseau (Michel), Roger (Julien), Cousin (Étienne), Audebert (François).

VILLEDOMER.

Vote du 20 décembre : Inscrits 309 ; votants 265 ; oui 248.
BANNIÈRE mérinos groseille, lettres et passementeries en or.
Aigle doré aux ailes déployées, hampe bronzée, cravate tricolore.

Hommage au Président de la République.

Vote du 20 novembre : Inscrits 290 ; votants 211 ; oui 199.
Maire, M. Mélian ; adjoint, M. Richaudeau ; Conseillers municipaux, 12 : MM. Mélian (Louis-Napoléon), Moreau (André) père, de Charnin père, Rigault, Richaudeau père, Esnault (François), Bruère (Pierre), Reboussin (Jacques), Georget (Pierre), Samedy (Alexandre), Morin (Placide).

CANTON DE CHATEAU-LA-VALLIÈRE
(11,231 habitants).

4 Sections 15 Communes:

Vote du 10 décembre : Inscrits 3,067 ; votants 2,661 ; oui 2,415

AMBILLOU.

Vote du 20 décembre : Inscrits 245 ; votants 194 ; oui 185.
Bannière mérinos vert, lettres et passementeries en or.
Aigle doré aux ailes déployées, hampe bronzée, cravate tricolore.

L. N.
Ambillou.
Vive Napoléon.

Vote du 20 novembre : Inscrits 275 ; votants 205 ; oui 202.
Maire, M. Joubert ; adjoint, M. Gozan ; Conseillers municipaux,
12: MM. Joubert-Lepage, Gallé-Cherpeau, Barrier-Fonnegond aîné,
de Champchevrier fils, Petitbon père, Lecomte père, Chaumier-
Cherpeau, Hardouin-Desomineau, Regaudry (Antoine), Lelarge
(Denis), Bonnion aîné, Gozan.

BRAYE-SUR-MAULNE.

Vote du 20 novembre : Inscrits 126 ; votants 120 ; oui 120.
Bannière soie verte, lettres et passementeries en or.
Aigle doré aux ailes déployées, hampe bronzée, cravate tricolore.

Au Sauveur de la France, 2 décembre 1851,
La commune de Bray-sur-Maulne
Reconnaissante, 15 *décembre* 1852.

Vote du 20 novembre : Inscrits 129 ; votants 127 ; oui 127.
Maire, M. Milon ; adjoint, M. Hérin ; Conseillers municipaux, 12:
MM. Tabounier (Urbain), Hérin (François), Bordeaux (Urbain),
Habé (René), Marloteau-Gervoix, Cheveraux (René), Milon (Joseph),
Hougoussin (Joseph), Dubois (Joseph), Roumy (Jean), Messanger
(Louis), Moussard (Louis).

BRÊCHES.

Vote du 20 décembre : Inscrits 118 ; votants 113 ; oui 113.
BANNIÈRE soie verte, lettres et passementeries en or.
Aigle doré aux ailes déployées, hampe bronzée, cravate tricolore.
L. N.
Brêches.
Vive S. A. I. Louis-Napoléon.
Vive l'Empereur.
Vote du 20 novembre : Inscrits 126 ; votants 106 ; oui 106.
Maire, M. Godefroy ; adjoint, M. Robin ; Conseillers muni-
cipaux, 10 : MM. Chevigné, Duchesne (Joseph), Robin, Godin,
Godefroy, Baillou père, Bouvreau père, Rouget (Jacques), Genest-
Fergeau, Dubois (Joseph), Bonnin (Jean), Messanger (Louis),
Moussault (Louis).

CHANNAY.

Vote du 20 décembre : Inscrits 279 ; votants 258 ; oui 249.
BANNIÈRE en coton vert, lettres et passementeries orange.
Aigle doré aux ailes déployées, hampe bronzée, cravate tricolore.
L. N.
Channay.
Vive Louis-Napoléon.
Vote du 20 novembre : Inscrits 310 ; votants 269 ; oui 262.
Maire, M. Coudray ; adjoint, M. Nillon ; Conseillers municipaux,
10 : MM. Maiffray (Florent), Gombault (René) père, Lehoux (Louis),
Fontaine (Alexandre), Pineau-Tirtrouin, Desrues fils, Hurson
(Michel), Romain (Pierre) père, Renard (Julien), Dupernay (Fré-
déric), Delabarre (Joseph), Avril (Pierre).

CHATEAU-LA-VALLIÈRE.

Vote du 20 décembre : Inscrits 386 ; votants 356 ; oui 333.
BANNIÈRE soie verte, lettres et passementeries en or.
Aigle doré aux ailes déployées, hampe bronzée, cravate tricolore.
Vive S. A. I. le Prince Président,
Sauveur de la France, au 2 décembre 1851,
La commune de Château-la-Vallière reconnaissante,
15 octobre 1852.
Vote du 20 novembre : Inscrits 430 ; votants 348 ; oui 329.
Maire, M. Gaignard-Breton ; adjoint, M. Guichard ; Conseillers
municipaux, 12 : MM. Bailly, Gaignard, Arcanger (Eugène),
Guichard, de Lesay-Marnézia, Paumier (Auguste), Paltier (Henri),
Rougé-Magloire, Patry-Vivient, Desfriche (Eugène), Han (René,
Fergon-Péan fils.

COUESMES.

Vote du 20 décembre : Inscrits 212 ; votants 197 ; oui 195.
Bannière mérinos vert, lettres et passementeries en or.
Aigle doré aux ailes déployées, hampe bronzée, cravate tricolore.

L. N.

Couesmes.

Nos cœurs sont à vous,
Nos bras le seront au besoin.

Vote du 20 novembre : Inscrits 203 ; votants 194 ; oui 194.
Maire, M. Tertrain ; adjoint, M. Richer ; Conseillers municipaux,
12 : MM. Chidaines (Jacques), Tertrain (François), Richer (François),
de Latour (Edmond), Jouy (Michel) père, Blanchet (Jean), Valerne
(Nicolas), Letourneau (Charles), Raimbault (Constant), Raimbault
(Jacques), Guignaud (Joseph), Duveau (Jacques).

—

COURCELLES.

Vote du 20 décembre : Inscrits 165 ; votants 157 ; oui 155.
Bannière soie verte, lettres et garniture en or.
Aigle doré aux ailes déployées, hampe bronzée, cravate tricolore.

L. N.

Courcelles.

Vive l'Empereur.

Vote du 20 novembre : Inscrits 164 ; votants 136 ; oui 136.
Maire, M. Cuisnè ; adjoint, M. Dutertre ; Conseillers muicipaux,
12 : MM. Beaugé (François), Grossin (Honoré), Rousseau (Louis),
Cuisné (Pierre), Rousseau (Pierre), Bara (Henri), Desvaux (Pierre),
Guibert (Joseph), Chauveau (François), Dutertre (Louis), Dutertre
(René), Leclerc-Mony.

—

HOMMES.

Vote du 20 décembre : Inscrits 260 ; votants 226 ; oui 224.
Bannière mérinos bleu, lettres et passementeries en or.
Aigle doré aux ailes déployées, hampe bronzée, cravate tricolore.

L. N.

Hommes.

Reconnaissance.

Vote du 20 décembre : Inscrits 263 ; votants 217 ; oui 215.
Maire, M. Carré ; adjoint, M. Coudray ; Conseillers municipaux,
12 : MM. Coudray (Pierre), Carré (Louis), Tachereau (François),
Huet (François), Chauveau (Étienne), Salmon (Jean), Breton (Jean),
Lelain (Julien), Guerche (Toussaint), Brosseau (François), Jusseaume
(Urbain), Rochereau (Jean).

—

SAINT-LAURENT-DE-LIN.

Vote du 20 décembre : Inscrits 145 ; votants 127 ; oui 127.
Bannière coton vert, lettres et passementeries orange.
Aigle doré aux ailes déployées , hampe bronzée , cravate tricolore.

L. N.
Saint-Laurent-de-Lin.
Vive Louis-Napoléon.

Vote du 20 novembre : Inscrits 139 ; votants 135 ; oui 135.
Maire, M. Giverny ; adjoint, M. Baudry ; Conseillers municipaux,
10 : MM. Cresson (Jacques), Giverny (Urbain), Marloteau (Pierre),
Machefert (Pierre), Huberdeau (Louis), Meré (René), Baudry (René),
Métivier (Jacques), Huberdeau (Pierre), Lenoir (Pierre).

LUBLÉ.

Vote du 20 décembre : Inscrits 65 ; votants 57 ; oui 57.
La commune n'a pas été représentée par une bannière, par in-
suffisance de fonds communaux.

Vote du 20 novembre : Inscrits 72 ; votants 62 ; oui 62.
Maire, M. Jarossay ; adjoint, M. Caillaux ; Conseillers municipaux,
10 : MM. Jarossay (Urbain), Mollet (Pierre), Sorin (Louis), Huberdeau (Louis), Souchet (Henri), Péchard (François), Cailloux
(Louis), Bertrand (Mathurin), Guyon (René), Besnard (Pierre).

MARCILLY-SUR-MEAULNE.

Vote du 20 décembre : Inscrits 197 ; votants 184 ; oui 184.
Bannière soie verte , lettres et passementerie en or.
Aigle doré aux ailes déployées, hampe bronzée, cravate tricolore.

L. N.
Marcilly-sur-Meaulne.
Vote unanime
10 *décembre* 48. — 20 *décembre* 51.
Vive l'Empereur.

Vote du 20 novembre : Inscrits 197 ; votants 183, oui 182.
Maire, M. le comte de Rochemore ; adjoint, M. Dalmagne ;
Conseillers municipaux, 12 : MM. Bellangé (Thomas), Sonchet père,
comte de Rochemore, Dalmagne (Pierre), Beaudrier (Antoine),
Barillé père, Roumy, Janvier (Narcisse), Guignard (François),
Truillé-Hubé, Tabonnier (Narcisse), Houlard (Louis).

RILLÉ.

Vote du 20 décembre ; Inscrits 184 ; votants 166 ; oui 155.

Bannière mérinos bleu de France, lettres et passementeries blanches.

Aigle doré aux ailes déployées, hampe bronzée, cravate tricolore.

L. N.

Rillé.

Vive le Prince Louis-Napoléon
Président de la République.

Maire, M. Viémont; adjoint, M. Grados ; Conseillers municipaux, 12 : MM. Grados, Hodebert, Trevert père, Vincelot, Viémont, Morchon, Baucher, Jusseaume père, Machefert, Joreau (Gabriel), Barrat (Gatien), Budan.

SAVIGNÉ.

Vote du 20 décembre : Inscrits 257; votants 215 ; oui 214.

Bannière mérinos vert, lettres et passementeries en or.

Aigle doré aux ailes déployées; hampe bronzée, cravate tricolore.

L. N.

Savigné.

Vive S. A. I. le Prince Président.

Vote du 20 novembre : Inscrits 276; votants 241 ; oui 228.

Maire, M. Dirson; adjoint, M. Raboisson ; Conseillers municipaux, 12: MM. Raboisson (François), Rocherie aîné, Renvu (Juste), Beurroir (René), Coudray (Urbain) père, Huet (Urbain) fils, Dirson aîné, Beaugé (René), Mahoudeau (Théodore), Gousson (Guillaume), Champoyer-Barier, Besnard-Beaugé.

SOUVIGNÉ.

Vote du 20 décembre : Inscrits 226 ; votants 215 ; oui 214.

Bannière soie bleue, lettres et passementeries en or.

Aigle doré aux ailes déployées, hampe bronzée, cravate tricolore.

L. N.

Souvigné.

Vive Louis-Napoléon.

Vote du 20 novembre : Inscrits 243; votants 203 ; oui 200.

Maire, M. de Fontenailles; adjoint, M. Joubert; Conseillers municipaux, 12 : MM. Granger (François), Besnard-Maubert, Morand (Antoine), Bouveau (Pierre), Galle (Étienne), Joubert (Victor), de Fontenailles, Olivier (François), Charpentier (Jacques), Mabileau (Urbain), Ragot (Patrice), Hézard (René).

VILLIERS-AU-BOUIN.

Vote du 20 décembre : Inscrits 242 ; votants 222 ; oui 218.

BANNIÈRE soie verte, lettres et passementeries en or.

Aigle doré aux ailes déployées, hampe bronzée, cravate tricolore.

L. N.

Villiers-au-Bouin.

Vive le Prince Président.

Vote du 20 novembre : Inscrits 238 ; votants 180 ; oui 180.

Maire, M. Chignard ; adjoint, M. Boulangé; Conseillers municipaux, 12 : MM. Chignard (René), Boulangé (François), Chauvin (Jean), Chauvin (Louis), Rivière (Jean), Loiseau (Joseph), Millery (Auguste), Rouche (Jean), Royer (Joseph), Méchin (René), de Lacour (Jacques), Caillier (Jean).

CANTON DE MONTBAZON.

(14,904 habitants).

4 Sections, 14 Communes.

Vote du 10 décembre : Inscrits 4,627, votants 3,919; oui 3,194.

ARTANNES.

Vote du 20 décembre : Inscrits 359 ; votants 334 ; oui 320.
Bannière mérinos blanc, lettres et garniture en or.
Aigle doré aux ailes déployées, hampe bronzée, cravate tricolore.
Louis-Napoléon.
Vote du 20 novembre : Inscrits 378 ; votants 237 ; oui 228.
Maire, M. de Cougny; adjoint, M. Rondeau; Conseillers municipaux, 12: MM. de Cougny (Gustave), Moussu (Jacques), Rondeau (Jean), Gibert (Charles), Roy-Roy, Véron (Hercule), Maurice-Brosseau, Mourgault (François), Lefèvre aîné, Rochefort (Théodore), de Vonnes (François), Christofleau (Silvain).

BALLAN.

Vote ou 20 décembre : Inscrits 391 ; votants 345 ; oui 345.
Bannière soie bleue, lettres et passementeries argent.
Aigle doré aux ailes déployées, lettres et passementeries argent.
L. N.
Ballan.
Hommage et reconnaissance.
Vote du 20 novembre : Inscrits 379 ; votants 302 ; oui 300.
Maire, M. le comte de Villeneuve; adjoint, M. Fournier; Conseillers municipaux, 12: Priou-Ribot, Roblin (Louis), Fournier (Urbain), comte de Villeneuve, Méchin-Serelle, Moreau (Vinceslas), Bouchet, Fremondeau (Isaac), Berthault (François), Leclerc (Thomas), Moriette (Jacques), Marcault (Étienne).

SAINT-BRANCHS.

Vote du 10 décembre : Inscrits 572 ; votants 509 ; oui 481.
BANNIÈRE soie bleue., lettres et passementeries en or.
Aigle doré aux ailes déployées, hampe bronzée, cravate tricolore.
L. N.
Saint-Branchs.
Reconnaissance au Sauveur de la France.
Vote du 20 novembre : Inscrits 593 ; votants 389 ; oui 383.
Maire, M. Boyer; adjoint, M. Herbellot ; Conseillers muni-
cipaux, 16 : MM. Herbellot (François), Boyer (Maxime), Baron
(Silvain), Marchais-Pellerin, Lecontre (Joseph), Métivier-Rondeau,
Feillant (François), Legue (Jean), Bure, Bougrier-Rondeau, Freslon
(Jean), Fillon (Jean), Collin (Antoine), Gagneux (Auguste),
Fouassier (Jacques), Vinerver (Jean).

CHAMBRAY.

Vote du 20 décembre : Inscrits 259 ; votants 236 ; oui 230.
BANNIÈRE mérinos bleu, lettres et passementeries en or.
Aigle doré aux ailes déployées; hampe bronzée, cravate tricolore.
L. N.
La commune de Chambray
Reconnaissante.
Vote du 20 novembre : Inscrits 258 ; votants 220 ; oui 219.
Maire, M. Viollet; adjoint, M. Chatains; Conseillers municipaux,
12 : MM. Cosson (Charles), de Nonneville, Fleurian-Martin père,
Cosson (Étienne), Chatain (Paul), Proust (Jean), Godefroy (Joseph),
Dubain (Étienne), Vouteau (Jacques), Viollet-Poitevin, Vouteau
(Symphorien), Roulleau, propriétaire.

CORMÉRY.

Vote du 20 décembre : Inscrits 328 ; votants 283 ; oui 237.
BANNIÈRE soie bleue, lettres et passementeries en or.
Aigle doré aux ailzs déployées, hampe bronzée, cravate tricolore.
L. N.
Corméry.
Au vainqueur de l'anarchie.
Vote du 20 novembre : Inscrits 328 ; votants 222 ; oui 206.
Maire, M. Vinot; adjoint, M. Baillou ; Conseillers municipaux,
12 : MM. Suzor-Garnier, Baillou-Nouveau, Bullot-Vénier, Vinot,
Moreau-Buré, Lebled-Vénier, Baillou, Blancheton-Boursault,
Aubry (Louis), Brouet-Lebeau de Beaupré, Dubois, taillandier,
Fougeroux-Fourreau.

DRUYE.

Vote du 20 décembre : Inscrits 190 ; votants 180 ; oui 180.
La commune n'a pas été représentée par une bannière.
Vote du 20 novembre : Inscrits 181 ; votants 167 ; oui 167.
Druyes.
Maire, M. Genest; adjoint, M. Girard; Conseillers municipaux, 12:
MM. Boireau (Armand), Durand (Jacques), Seral (André), Badillon-
Trigalleau, Clément (René), Thiou-Gabriel, Genest, Anguille
(Louis), Petit (Pierre), Girard, Courvoisier (René), Besnier (Louis).

ESVRES.

Vote du 20 décembre : Inscrits 608 ; votants 561 ; oui 519.
Bannière mérinos orange, lettres et passementeries en or.
Aigle doré aux ailes déployées, hampe bronzée, cravate tricolore.
L. N.
Esvres.
Au Sauveur de la France.
Vote du 20 novembre, Inscrits 689 ; votants 434 ; oui 423.
Maire, M. Bulot; adjoint, M. Pitrois; Conseillers municipaux, 16:
MM. Adam (Joseph), Berger (Joseph), Bullot (Lucien), Lyon (Jean),
Imbert (Pierre), Pitrois (Jean), Martinet (Louis) père, André (Charles),
de Bridieu (Frédéric), Jahan-Roger, Gandion (Jean-Désiré), Gauché
(Étienne), Touchard (Paul), Odart (Gustave), Filloteau (Louis),
Bullot-Genest.

MONBAZON.

Vote du 20 décembre : Inscrits 330 ; votants 310 ; oui 291.
Bannière mérinos bleu de France, lettres et passementeries en or.
Aigle doré aux ailes déployées, hampe bronzée, cravate tricolore.
L. N.
Monbazon.
Reconnaissance, fidélité.
Vote du 20 novembre : Inscrits 334 ; votants 295 ; oui 290.
Maire, M. Renault; adjoint, M. Tufflère; Conseillers muni-
cipaux, 12: MM. Renault, Brault, Rolland, Bassereau, Bacot,
Arrault (François), Gautron (François), Jacquet-Tufflère, Rouger,
Rondeau, Dubase-Sanier (Emmanuel).

MONTS.

Vote du 20 décembre : Inscrits 397 ; votants 370 ; oui 357.
BANNIÈRE soie bleu, lettres et garnitures en or.
Aigle doré aux ailes déployées, hampe bronzée, cravate tricolore.

L. N.
Monts.
Vive Louis-Napoléon.

Vote du 20 novembre : Inscrits 375 ; votants 300 ; oui 293.
Maire, M. Mourruau ; adjoint, M. Chantereau ; Conseillers municipaux, 12 : MM. Mourruau-Vaslin, Gouron, Revost, de Fleury, Cuirassier-Pichard, Hubert(André), Drouine (Eugène), Jullien (Jean), Crousillau (Toussaint), Arrault (André), Fey (François), Priou (Germain).

PONT-DE-RUAN.

Vote du 20 décembre : Inscrits 88 ; votants 86 ; oui 86.
BANNIÈRE mérinos orange, lettres et passementeries bleue.
Aigle doré aux ailes déployées, hampe bronzée, cravate tricolore.
Pont-de-Ruan.
Vive Louis-Napoléon.

Vote du 20 novembre : Inscrits 94 ; votants 87 ; oui 84.
Maire, M. Trouvé ; adjoint, M. Salmon ; Conseillers municipaux, 10 : MM. Roy (Jacques) père, Freslon-Roy, Guay (Mathurin), Lefèvre (Antonin), Trouvé (Jean), Jahan (Alexandre), Berger (Pierre) père, Marioneau (René), Martin-Brosseau, Brosseau (Pierre).

SORIGNY.

Vote du 20 décembre : Inscrits 444 ; votants 410 ; oui 406.
BANNIÈRE soie bleue, lettres passementeries argent.
Aigle doré aux ailes déployées, hampe bronzée, cravate tricolore.

L. N.
Sorigny.
Sympathie et confiance.

Vote du 20 novembre : Inscrits 464 ; votants 387 ; oui 383.
Maire, M. Archambault ; adjoint, M. Rondeau ; Conseillers municipaux, 16 : MM. Rondeau (Jean), Cartier (Pierre), Archambault-Martin, Boutet (Antoine) fils, Menou-Omer (Louis), Archevêque (Jean), Moreau (Charles), Archambault (Silvestre), Fey (Isaac), Tardiveau (Jean), Gagneux (Victor) père, Poulinet (Antoine), Moreau (Silvain), Proust (Simon), Bienvenu (François), Arrault (Antoine).

TRUYES.

Vote du 20 décembre : Inscrits 219 ; votants 185 ; oui 181.

BANNIÈRE mérinos bleu de France, lettres et passementeries en or. Aigle doré aux ailes déployées, hampe bronzée, cravate tricolore.

Honneur et gloire
A L. N.

Surmonté d'une couronne impériale.

Vote du 20 novembre : Inscrits 226 ; votants 161 ; oui 160.

Maire, M. Lebled ; adjoint, M. Oudin ; Conseillers municipaux, 12 : MM. Bureau-Pinodeau, Rossignol', Lebled (Alexandre), Oudin-Royer, Moreau-Gaume, Javary (Frédéric), Monjalon (François), Gaume (Louis), Gogneron-Gaudion, Gaudion (François), Gaudion-Perfos (Jean), Saché (Pierre) père.

VEIGNÉ.

Vote du 20 décembre : Inscrits 410 ; votants 360 ; oui 353.

BANNIÈRE mérinos gros vert, lettres et passementeries en or. Aigle doré aux ailes déployées, hampe bronzée, cravate tricolore.

L. N.
Veigné.
Vive Napoléon.

Vote du 20 novembre : Inscrits 397 ; votants 317 ; oui 311.

Maire, M. de la Ville-Leroulx ; adjoint, M. Destouches, Conseillers municipaux, 12 : MM. Arrault (Pierre), de Sazilly, Voisinère (Benjamin), Bougard (François), Berger (François), Destouches (Nicolas), de la Ville-Leroulx, Gagneux (Hippolyte), Dauvy (Jacques), Ouvrard (Gabriel), Vouteau-Poirier, Poirier-Héron.

VILLEPERDUE.

Vote du 20 décembre : Inscrits 159 ; votants 139 ; oui 138.

S. A. I. devant s'arrêter à la station du chemin de fer, un arc de triomphe avait été élevé, portant cet écusson : *à l'Élu de la France,* pour ce motif, le Maire ne pouvant pas assister à la revue du 15 octobre, n'a pas commandé de bannière.

Vote du 20 novembre : Inscrits 152 ; votants 143 ; oui 143.

Maire, M. Briffault (François) ; adjoint, M. Gaudin ; Conseillers municipaux, 12 : MM. Briffault (François), Hulé (Michel), Guilloteau, Bussereau (Michel), Freslon (Antoine), Brosseau, Christofleau (Pierre), Maurice (Jean), Delesve-Martin, Métivier (Pierre), Maurice (Louis).

CANTON DE NEUILLÉ-P.-PIERRE

(8,752 habitants.)

4 Sections, 10 Communes.

Vote du 10 décembre : Inscrits 2,570 ; votants 2,192 oui 1886.

SAINT-ANTOINE-DU-ROCHER.

Vote du 20 décembre : Inscrits 232 ; votants 219 ; oui 213.
BANNIÈRE mérinos blanc, lettres et passementeries en or.
Aigle doré aux ailes déployées, hampe bronzée, cravate tricolore.

N. L.
Saint-Antoine-du-Rocher.
Reconnaissance.

Vote du 20 novembre : Inscrits 230 ; votants 198 ; oui 197.
Maire, M. Hay de Slade ; adjoint, M. Adja-Tifaine ; Conseillers municipaux, 12 : MM. Sevant (Pierre), Beaussons (Paul), Hainault-Lehorreau, Pichard père, Hay de Slade, Hoché (Julien), Jamain-Géry, Belle (Rémy), Berruer (François) fils, Tiffaine (Michel), Marviré (Jean), Philippeau (Louis).

BEAUMONT-LA-RONCE.

Vote du 20 décembre : Inscrits 381 ; votants 337 ; oui 322.
BANNIÈRE soie verte, lettres et passementeries en or.
Aigle doré aux ailes déployées, hampe bronzée, cravate tricolore.
Beaumont-la-Ronce.

Vote du 30 novembre : Inscrits 396 ; votants 291 ; oui 276.
Maire, M. Brault ; adjoint, M. Thorigny ; Conseillers municipaux, 12 : MM. Thorigny, Petit-Billard, Chauvin (César) père, Jouzeau-Roy, Fagu-Foussard, Brault, Vavasseur (René), Gendron-Geslot, de Beaumont-Villemain, Marie-Tardi, Godefroy, Doisleau père.

CERELLES.

Vote du 20 décembre : Inscrits 157 ; votants 144 ; oui 144.
BANNIÈRE mérinos bleu de France, lettres et passementeries blanches.
Aigle doré aux ailes déployées, hampe bronzée, cravate tricolore.
Au vainqueur de l'anarchie,
La commune de Cerelles
Reconnaissante.
Vote du 20 novembre : Inscrits 156 ; votants 131 ; oui 130.
Maire, M. Flandin ; adjoint, M. Barbe ; Conseillers municipaux,
12 : MM. Vernser, Flandin, Barbe, Coignard, Martel, Bataille,
Gaucher, Pineau, Marchand, Lecomte, Rouvre, Bellanger.

CHARENTILLY.

Vote du 20 décembre : Inscrits 170 ; votants 166 ; oui 162.
BANNIÈRE mérinos bleu de France, lettres et passementeries en or.
Aigle doré aux ailes déployées, hampe bronzée, cravate tricolore.
L. N.
Charentilly.
Vive Louis-Napoléon.
Vote du 20 novembre : Inscrits 182 ; votants 166 ; oui 166.
Maire, M. Vaslin ; adjoint, M. Colas; Conseillers municipaux, 12:
MM. Ripault (Pierre), Vaslin (Jean), Barré (André), Collas (Benjamin), Bodin (André), Hervé (Michel), Bourge (René), Reverdy
(Étienne), Héron (Louis), Chaudonemay (Mathurin), Moisant-Taillard, Fey.

NEUILLÉ-PONT-PIERRE.

Vote du 20 décembre : Inscrits 464 ; votants 404 ; oui 358.
BANNIÈRE soie bleue, lettres et passementeries or.
Aigle doré aux ailes déployées, hampe bronzée, cravate tricolore.
La commune de Neuillé-Pont-Pierre.
A Louis-Napoléon,
Reconnaissante.
Vote du 20 novembre : Inscrits 458 ; votants 364, oui 340.
Maire, M. de Lavallette ; adjoint, M. Belle'; Conseillers municipaux, 16: MM. Léger-Gaultier, Delaunay-Millet, Poisson-André,
Nau (Pierre), Gisors-Bassé, Millet-Léger, Durand-Morin, Dreux-Gradu, Groussin-Lebreton, de Lavalette (Joseph), Moriet-Courvazier, de Lasalle (Charles), Belle (Armand), Courard (Alexandre),
Cormery-Cousin, Ménard-Ribault.

PERNAY.

Vote du 20 décembre : Inscrits 143 ; votants 124 ; oui 122.
Bannière mérinos vert, lettres et passementerie or.
Aigle doré aux ailes déployées, hampe bronzée, cravate tricolore.

L. N.
Pernay.
Vive Louis-Napoléon.

Vote du 20 novembre : Inscrits 138 ; votants 117 ; oui 117.

Maire, M. Gatien de Clérambaud ; adjoint, M. Courault ; Conseillers municipaux, 12 : MM. Cherpeau (François), Vignas (Louis), Rougé (Antoine), Marquis-Pineau, Vollet (René), Plisson (Pierre), Barré (Pierre), Courault (Silvain), Gorudineau (Étienne), Pâris (François), Nolet (Urbain), Reinier (Auguste).

SAINT-ROCH.

Vote du 20 décembre : Inscrits 72 ; votants 70 ; oui 70.
Bannière mérinos vert, lettres et passementeries en or.
Aigle doré aux ailes déployées, hampe bronzée, cravate tricolore.

L. N.
Saint-Roch.
Vote unanime, 20 décembre.

Vote du 20 novembre : Inscrits 75 ; votants 74 ; oui 74.

Maire, M. Marchand ; adjoint, M. Houdée, Conseillers municipaux, 10 : MM. Marchand (Claude), Houdée (Honoré), Helbert-Moreau, Vollet (Jean). Dicois (Urbain), Lemaître (Paul), Corméry (François), Corméry (Étienne), Bellangé-Caillé, Lhuillier-Nourisson.

ROUZIERS.

Vote du 20 décembre : Inscrits 229 ; votants 210 ; oui 207.
Bannière mérinos jonquille, lettres et passementeries bleues.
Aigle doré aux ailes déployées, hampe bronzée, cravate tricolore.
Rouziers.
Une N entourée de lauriers, surmontée d'une couronne impériale.
Vive Napoléon III.

Vote du 20 novembre : Inscrits 235 ; votants 214 ; oui 213.

Maire, M. Belle ; adjoint, M. Hamard ; Conseillers municipaux, 12 : MM. Belle, Hamard, Maillé, Léhoreau, Seré, Sacher (Victor), Bréc-Véron, Geslot (Alexandre), Élouis-Richard, Gentil (François), Besnard (Mathurin, Gauthier (René).

SEMBLANÇAY.

Vote du 20 décembre : Inscrits 322 ; votants 272 ; oui 249.
Bannière soie groseille, lettres et passementeries argent.
Aigle doré aux ailes déployées, hampe bronzée, cravate tricolore.

L. N.

Semblançay.

Vive Louis-Napoléon.

Vote du 20 novembre : Inscrits 369 ; votants 287 ; oui 385.

Maire, M. Carré-Nau ; adjoint, M. Lepeltier-Bazin ; Conseillers municipaux, 12 : MM. Thierry-Bernard, Cohas-Poirier, Nouty (André), Carré (Léon), Petit (Jean), Laudrau (Gabriel), Jacquet (Pierre), Lepelletier-Bazin, Bellanger (Julien), Desmans (Louis), Avrillon (Joseph), Voisin (Gatien).

SONSAY.

Vote du 20 décembre : Inscrits 370 ; votants 314 ; oui 279.
Bannière mérinos bleu de France, lettres et passementeries en or.
Aigle doré aux ailes déployées, hampe bronzée, cravate tricolore.

L. N.

Sonsay.

Au Sauveur de la France.

Vote du 20 novembre : Inscrits 373 ; votants 282 ; oui 275.

MM. Ragot, maire ; Chaussemiche, adjoint ; Conseillers municipaux, 12 : MM. de Beaumont (Alfred), Berneu (Pierre), Ripault (François), Delarue - Ducamp, Naubert (Pierre), Chaussemiche (Onésime), Pineau (Pierre), Ragot (Jacques), Anguille (Auguste), Salmon-Devauze, Chalès-Alban, Devauze-Millet.

CANTON DE NEUVY-ROI (10,361 hab.)

4 Sections, 11 Communes.

Vote du 10 décembre : Inscrits 2,811 ; votants 2,383 ; oui 1699.

SAINT-AUBIN.

Vote du 20 décembre : Inscrits 168; votants 136; oui 114.
BANNIÈRE mérinos vert, lettres et passementeries en or.
Aigle doré aux ailes déployées, hampe bronzée, cravate tricolore.
Saint-Aubin.
Vive l'élu de la nation ! 7,500,000 suffrages.
Vote du 20 novembre : Inscrits 167 ; votants 147 ; oui 142.
MM. Papin, maire ; Menard, adjoint ; Conseillers municipaux,
12 : MM. Papin (Pierre), Menard (André) fils, Cuisnier (François),
Houdoyer (Pierre), Déan (François), Boureau (Charles), Cormier
(Julien), Bounin (Jean), Moreau (Medène), Haniquet (Pierre), Mau-
bert (Nicolas), Beauchêne (Martin).

BEUIL.

Vote du 20 décembre : Inscrits 182; votants 161; oui 159.
BANNIÈRE coton vert, lettres et passementeries orange.
Aigle doré aux ailes déployées, hampe bronzée, cravate tricolore.
L. N.
Bueil.
Vive à jamais le Sauveur de la France.
A S. A. I. appartient la couronne.
Vote du 20 novembre : Inscrits 182; votants 158 ; oui 158.
MM. Dupuy-Dupuy, maire ; Creuzot, adjoint ; Conseillers muni-
cipaux, 12 : MM. Hervé-Fouquet, Lebert-Chauvin, Dupuy-Dupuy,
Touchard (René), Hamard (François, Goguie-Vallée, Bodier-Leroux,
Creuzot, Bellafont-Baudry, Boulay-Beauvais, Gagneux (Jean),
Audouin dit Boureau.

CHENILLÉ-SUR-DÊME.

Vote du 20 décembre : Inscrits 337; votants 290; oui 286.
BANNIÈRE soie bleue, lettres et passementeries en or.
Aigle doré aux ailes déployées, hampe bronzée.
Chenillé-sur-Dême.
Honneur à S. A. I. Louis-Napoléon.
Vote du 20 novembre inscrits : 331; votants 258; oui 257.
MM. Vacher (Jules), maire ; Duclos, adjoint ; Conseillers muni-
cipaux, 12 : MM. Picard (Alexandre), Vacher (Jules), Desré (Pierre),
Gaule (Jacques), Duclos-Soutif, Rondeau-Dunoyer, Pilvilain-Blateau,
Collon (Louis), Meunier-Hugon, Duval (Charles) , Cador (Etienne),
Desré-Ranffault.

SAINT-CHRISTOPHE.

Vote du 20 décembre : Inscrits 412; votants 360; oui 307.
BANNIÈRE soie verte, lettres et passementeries en or.
Aigle doré aux ailes déployées, hampe bronzée , cravate tricolore.
L. N.
Saint-Christophe.
Au Prince Louis-Napoléon III.
Vote du 20 novembre : Inscrits 378; votants 318; oui 309.
MM. Gendron, maire ; Bongendre , adjoint : Conseillers munici-
paux, 12 : MM. Longchamps, Lafargue, Chevreau, de Sarcé,
Bruslon, Gendron, Bongendre, Baillardeau , Houdoyer, Fontenelle
(Felix), Fremondeau (Gervais), Dupuy-Pineau.

ÉPEIGNÉ-SUR-DÈME.

Vote du 20 décembre : Inscrits 135; votants 120; oui 120.
BANNIÈRE soie bleue, lettres et passementeries en or.
Aigle doré aux ailes déployées , hampe bronzée , cravate tricolore.
Épeigné-sur-Dême.
Vive S. A. Louis-Napoléon.
Vote du 20 novembre : Inscrits 140 ; votants 113 ; oui 112.
MM. Vacher (Charles), maire ; Salmon de Loizay, adjoint; Con-
seillers municipaux, 10 : MM. Touchard (Jean), Salmon de Loizay,
Budan de Russé, Robineau (Pierre), Fournier (Louis), Vacher
(Charles), Pavy (Emile), Fournier (Prosper), Hulot (jeune), Lelam-
bay (Etienne).

LA FERRIÈRE.

Vote du 20 décembre : Inscrits 118 ; votants 111 ; oui 111.

Cette commune n'a pas été représentée par une bannière.

Vote du 20 novembre : Inscrits 123 ; votants 110 ; oui 109.

Maire, M. Vétillard ; adjoint, M. Brosset ; Conseillers municipaux, 10 : MM. Vétillard (Jules), Courgeau (Pierre), Brossay (François), Vassuor-Mercier, Nigault (Urbain), Dunoyer (Hyacinthe), Piaden (Thomas), Noyau, Cissé (Jean), Besnard (Jean), Laneau, Chartrain.

LOUESTAULT.

Vote du 20 décembre : Inscrits 115 ; votants 102 ; oui 99.

L'insuffisance des ressources de la commune a empêché l'achat d'une bannière.

Vote du 20 novembre : Inscrits 117 ; votants 92 ; oui 61.

Maire, M. Guerrier ; adjoint, M. Coudray ; Conseillers municipaux, 12 : MM. d'Aumont, Gouzny, Créduy père, Garnier, Guerrier, Beury, Foulard fils, Bennevault (André), Coudray (Jean), Aubin (François).

MARRAY.

Vote du 20 décembre : Inscrits 206 ; votants 183 ; oui 181.

Bannière mérinos bleu, lettres et passementeries en or.

Aigle doré aux ailes déployées, hampe bronzé, cravate tricolore.

L. N.

Marray.

A Napoléon Sauveur de la France.

MM. Pays-Nau, maire : Cassegrain, adjoint ; Conseillers municipaux, 12 : MM. Cassegrain, Chauvin-Gaudeau, Pays (Louis), Lebleu-Gault, Dorion (Alexandre), Dreux (Siméon), Goudeau (Pierre), Chauvin-Chauvin (Pierre), Rude (Jean), Marié (Alexandre), Caillé (César), Gault (Benoist).

NEUVY-ROI.

Vote du 20 décembre : Inscrits 418 ; votants 353 ; oui 279.

BANNIÈRE soie bleue, lettres et passementeries en or.

Aigle doré aux ailes déployées, hampe bronzée, cravate tricolore.

Neuvy-Roi.

Il nous donne Richesse et Prospérité.

Vote du 20 novembre : Inscrits 398 ; votants 319 ; oui 305.

Maire, M. Maurice; adjoint, M. Marié; Conseillers municipaux, 16 : MM. Belle - Petit, Drouet-Daubigny, Négrier (André), Goussé (Narcisse), Chauvin (Jules), Durand (Louis), Laporte-L'abbé, Néron (Louis), Marié (Pierre), Rondeau-Martinière, Poteau (Maurice), Nau (Eugène), Boureau (Léonard), Piédor (Octave), Maurice (François), Cabillon (Auguste).

SAINT-PATERNE.

Vote du 20 décembre : Inscrits 582 ; votants 518 ; oui 479.

BANNIÈRE soie verte, lettres et passementeries en or.

Aigle doré aux ailes déployées, hampe bronzée, cravate tricolore.

L. N.

Saint-Paterne.

Vive l'Empereur !

Vote du 20 novembre : Inscrits 586 ; votants 484 ; oui 475.

Maire, M. de Tessecourt; adjoint, M. Chevreau ; Conseillers municipaux, 16 : MM. Pillard-Damilville, Frouteau jeune, Cormery-Blin, de Tessecourt, Pinguet (Charles), Clairet-Fontaine, Baugé (Pierre), Selve (François), Madrelle (Jacques), Huet (Alphonse), Boureau-Cosson, Margnant - Rivierre, Lemord (René), Chevreau (Thomas), Leger (René), Cormery-Beaussant.

VILLEBOURG.

Vote du 20 décembre : Inscrits 172 ; votants 145 ; oui 139.

BANNIÈRE mérinos vert, lettres et passementeries en or.

Aigle doré aux ailes déployées, hampe bronzée, cravate tricolore.

L. N.

Villebourg.

Au Vainqueur de l'Anarchie.

Vive l'Empereur.

Vote du 20 novembre : Inscrits 175 ; votants 142 ; oui 139.

Maire, M. Chivert; adjoint, M. Borde ; Conseillers municipaux, 12 : MM. Moisy (Louis), Borde (Matthieu), Chivert (Jean), Rotreau (Denis) père, Chatelas (René), Borde (Joseph) père, Seigneuret (Louis), Brault (Louis), Gautier (Louis), Juignet (René), Étienne (François), Degaille (René) père.

CANTON DE TOURS-CENTRE

(30,072 habitants.)

2 Sections.

Vote du 10 décembre : Inscrits 6,381 ; votants 4,812 ; oui 3,383.

TOURS-CENTRE.

Vote du 20 décembre : Inscrits 10,047 ; votants 7,100 ; oui 5,631.

BANNIÈRE DES VÉTÉRANS DE L'ARMÉE.

BANNIÈRE en soie moire bleue, lettres et passementeries en argent.
Aigle doré aux ailes déployées, hampe bronzée, cravate tricolore
avec un écusson ayant les trois tours de la ville.

Tours.
Vétérans de l'Armée.
(Nous en donnons le spécimen colorié.)

BANNIÈRE DES OUVRIERS DE LA VILLE DE TOURS.

BANNIÈRE en mérinos vert-président, lettres et passementeries en
or, deux abeilles dorée en bosse aux deux extrémités.
L. N. entouré de lauriers et surmonté de la couronne Impériale.

A. S. A. I.
Les habitants des quais et les ouvriers de Tours.
Vive Napoléon III, Empereur.

Vote du 20 novembre : Inscrits 9,685 ; votants 5,534 ; oui 4,964.
Maire, M. Mame (Ernest) ; adjoints, MM. Meffre, Galpin-Thiou,
Archambaud ; Conseillers municipaux, 36 : MM. Mame (Ernest), Meffre
père, Galpin-Thiou, Archambaud, Auvray (Louis), Bailloud, Bien-
venu père, Chambert, Cousturier, Desfrancs, Dreux, d'Outremont,
Durand (Léon), Fey (Eugène), Goüin (Eugène), Guyot, Herpin,
médecin, Leduc-Duruisseau, Lobin, Magaud-Viot, Mahoudeau
aîné, Pallu, Pecard (Eugène), Robin, avocat, Pillet, pharmacien,
Robin, notaire, Rouillé-Courbe, de Saint-Martin, Viot (Edmond),
Rose-Alamargot, Richard, Marchand aîné, Guérin, peintre, Moreau,
Guionnière, Brizard.

CANTON DE TOURS-NORD (11,310 hab.)

4 sections, 8 communes.

Vote du 10 décembre : Incrits 4,131 ; votants 3,599 ; oui 3,305.

SAINT-CYR.

Vote du 20 décembre : Inscrits 609 ; votants 524 ; oui 495.
BANNIÈRE soie verte, lettres et passementeries en or.
Aigle doré aux ailes déployées, hampe bronzée, cravate tricolore.
L. N.
Louis-Napoléon, sauveur.
Saint-Cyr.
Vote du 20 novembre : Inscrits 619 ; votants 470 ; oui 461.
Maire, M. Jeuffrain; adjoint, M. Morin; Conseillers municipaux, 16 :
MM. Morin-Durand, Bureau-Hallay, Gaultier (André), Soudée-Carré,
Delaunay (Jules), Blot-Lusy, Jeuffrain (Alexandre), Collinet-Nau,
Fouqueux-Halay, Vignau-Quinçay, Guenault-Ferrand, Bethon-
Boulard, Benardeau-Hallay, Chauveau-Soudée, Maillet (Pierre),
Richard-Boissay.

SAINT-ÉTIENNE-DE-CHIGNY.

Vote du 20 décembre : Inscrits 309 ; votants 279 : oui 278.
BANNIÈRE mérinos vert, lettres et passementeries en or.
Aigle doré aux ailes déployées, hampe bronzée, cravate tricolore.
L. N.
Saint-Étienne-de-Chigny.
Vive l'Empereur.
Vote du 20 novembre : Inscrits 327 ; votants 279 ; oui 279.
Maire, M. Gaudin ; adjoint, M. Boureau; Conseillers municipaux,
12 : MM. Gaudin (Gabriel), Boureau (Charles), Montriou (François),
Bodin-Ravagé, Petit-Bon (Jacques), Berthoneau-Dreux, Chauvigné
(Remi), Petillaut (Jacques), Berteau (Jean), Porcher (Jean), Dreux
(Jacques), Guet (Jean).

FONDETTES-VALLIÈRES.

Vote du 20 décembre : Inscrits 800 ; votants 712 ; oui 678.
Bannière mérinos bleu de ciel, lettres et passementeries en or.
Aigle doré aux ailes déployées, hampe bronzée, cravate tricolore.
L. N.
Fondettes-Vallières.
Reconnaissante.
Vote du 20 novembre : Inscrits 775 ; votants 670 ; oui 661.
(*Le Conseil dissous et remplacé par une commission municipale.*)
Maire, M. le baron Auvray ; adjoint, M. Paumier-Poirier; Conseillers municipaux, 16 : MM. Le baron Auvray, Paumier-Poirier, Delabigne (Jean), Delaunay (Etienne) Deniaux-Luminès, Guespin-Leroux, Piet-Piet (père), Restivier (César), Brazeau-Gauvry, Legave-Testu, Thierry - Bouard, Leroux - Lelarge, Chivert (Auguste), Ripault-Pineau, de Chezelles-Boucard, Desombres-Brazeau.

LUYNES.

Vote du 20 décembre : Inscrits 628 ; votants 565 ; oui 560.
Bannière mérinos bleu, lettres et passementeries orange.
Aigle doré aux ailes déployées, hampe bronzée, cravate tricolore.
L. N.
Luynes.
Vive Napoléon III.
Vote du 20 novembre : Inscrits 663 ; votants 539 ; oui 535.
Maire, M. Urson ; adjoint, M. Boucard ; Conseillers municipaux, 16 : MM. Mercier-Rivière, Assier (Eugène), Urson (Denis), Gasnault-Guerin, Loiseau-Lotterin, Leduc-Richard, Brulon-Dorion, Gannay-Gardet, Trigalleau-Desombier, Loiseau-Barra, Chandessais-Loiseau, Rochereau - Messant, Rivière - Cottereau, Beatry - Pigeon, Leduc-Moreau, Dailly-Auguinier.

METTRAY.

Vote du 20 décembre : Inscrits 501 ; votants 457 ; oui 433.
Bannière escot amaranthe, lettres et garnitures argent.
Aigle doré aux ailes déployées, hampe bronzée, cravate tricolore.
L. N.
Mettray.
Vive Louis-Napoléon.
Vote du 20 novembre : Inscrits 519 ; votants 427 ; oui 414.
Maire, M. Hue-Billard ; adjoint, M. Bry-Barde; Conseillers municipaux, 16 : MM. Blanchard (Louis), Hue-Billard, Barat-Richard, Romian (Célestin), Roncin - Asseré, Proust - Martin, Gatian de Clérambault, Morin-Boureau, Meunier (Jean), Plessis, huissier, Joire, Pineau (Alexandre), Berard (Simon), Tessier-Lemarié, Goyer (Pierre), Ott (Georges).

SAINTE-RADÉGONDE.

Vote du 20 décembre : Inscrits 136 ; votants 128 ; oui 126.
Bannière mérinos bleu de ciel, lettres et passementeries en or.
Aigle doré aux ailes déployées, hampe bronzée, cravate tricolore.

L. N.

Surmonté d'une couronne impériale.
Sainte-Radégonde
Au Sauveur du Pays décerna la couronne.

Vote du 20 novembre : Inscrits 137 ; votants 128 ; oui 127.
Maire, M. Caillé ; adjoint, M. Plumereau ; Conseillers municipaux, 10 : MM. Aubert-Coquineau, Catois fils, Loyau-Chauveau, Lucas, Caillé, Jameron, Plasseau - Salmon, Godeau, Chinon, Bourdon-Rolland.

SAINT-SYMPHORIEN.

Vote du 20 décembre : Inscrits 628 ; votants 577 ; oui 526.
Bannière soie bleue, lettres et passementeries en or.
Aigle doré aux ailes déployées, hampe bronzée, cravate tricolore.

L. N.

Saint-Symphorien.
A Louis-Napoléon, vainqueur de l'anarchie.

Vote du 20 novembre : Inscrits 652 ; votants 501 ; oui 483.
Maire, M. Palustre fils ; adjoint, M. Deotte ; Conseillers municipaux, 16 : MM. Méchin (François), Gouesbault (Jean), Verna (Gabriel), Palustre (Ernest), Mazery (Joseph), Leonnet (Charles), Ripault (François), Nourisson (Michel), Robin (Laurent), Bezard (Jacques), Maurice (Gatien), Deotte (Cirille), Corneloup (Louis), Duclos (Jean), Toulmy (Jacques), Jauson (Martin).

LA VILLE-AUX-DAMES.

Vote du 20 décembre : Inscrits 206 ; votants 192 ; oui 192.
Bannière soie bleue, lettres et passementeries en or.
Aigle doré aux ailes déployées, hampe bronzée, cravate tricolore.

L. N.

La Ville - aux - Dames.
Vive Louis-Napoléon.

Vote du 20 novembre : Inscrits 213 ; votants 201 ; oui 201.
Maire, M. Voguet-Dansault (Louis) ; adjoint, M. Voguet - Métais (Louis) ; Conseillers municipaux, 12 : MM. Voguet-Dansault (Louis), Renard-Paris (Jean), Voguet-Métais (Louis), Moreau-Renard, Viau-Bredif, Perré-Voguet, Chatrefou-Quiller, Dansault-Voguet (Pierre), Mignot-Mignot, Viau-Dupont, Duberny (Jean), Verna-Galliot.

CANTON DE TOURS-SUD (12,019 hab.)

4 Sections, 11 Communes.

Vote du 10 décembre : Inscrits 6,959 ; votants 5,573 ; oui 5,037.

SAINT-AVERTIN.

Vote du 20 décembre : Inscrits 446 ; votants 434 ; oui 434.
BANNIÈRE soie jaune, lettres et passementeries bleues, guiochée argent,
Aigle doré aux ailes déployées, hampe bronzée, cravate tricolore.
L. N.
Saint-Avertin.
Vive l'Empereur.
Vote du 20 novembre : Inscrits 466 ; votants 461 ; oui 457.
Maire, M. de Richemont (Paul) ; adjoint, M. Girault ; Conseillers municipaux, 12 : MM. de Richemont (Paul), Girault, Vandiot-Latour, Boutier (Louis) père, Goupy (Charles), Duboy (Jules), Couché (Gabriel), Rondeau (Auguste), Mery-Roy (Etienne) fils, Baillot (Claude), Ruchet-Giraud, Hubert (François) père.

BERTHENAY.

Vote du 20 décembre : Inscrits 131 ; votants 128 ; oui 128.
BANNIÈRE mérinos bleu de France, lettres et passementeries en or.
Aigle doré aux ailes déployées, hampe bronzée, cravate tricolore.
L. N.
Berthenay.
Vive l'Empereur.
Vote du 20 novembre : Inscrits 128 ; votants 124 ; oui 124.
Maire, M. Marchand (Louis) ; adjoint, M. Boucard ; Conseillers municipaux, 10 : MM. Prou (René), Boucard-Boyer, Marchand (Louis), Berchault (René), Thomas (Jacques), Neret (André), Marchand (Martin), Chevreau (François), Messans (Gervais), Coinquet (François).

SAINT-GENOUPH.

Vote du 20 décembre : Inscrits 135 ; votants 133 ; oui 133.
Bannière soie orange, lettres et passementeries argent.
Aigle doré aux ailes déployées, hampe bronzée, cravate tricolore.
L. N.
Saint-Genouph.
Vote unanime, 20 décembre.
Vote du 20 novembre : Inscrits 133 ; votants 133 ; oui 133.
Maire, M. Dupont-Joubert ; adjoint, M. Bussonneau; Conseillers
municipaux, 10 : MM. Bedouet (Julien), marchand (Jean), Dupont-
Joubert, Caillard (Genouph) père, Arrault (François), Bussonneau
(Martin), Boucard (Alexandre), Bernier-Arrault, Pierreau (Martin),
Rambourg (Louis.)

JOUÉ-LES-TOURS.

Vote du 20 décembre : Inscrits 619 ; votants 508 ; oui 448.
Bannière soie orange, lettres et passementeries en argent.
Aigle doré aux ailes déployées, hampe bronzée, cravate tricolore.
L. N.
Joué-les-Tours.
Au Sauveur et seul Espoir de la France.
Vote du 20 novembre : Inscrits 561 ; votants 405 ; oui 392.
(Le Conseil est remplacé par une commission municipale.)
Maire, M. Bonnebault (Henri) ; adjoint, M. Rey (Louis) fils ; MM.
de Moranges, Desmolliens-Gallet, de la Poterie, Vouteau-Fourré,
Messire (Étienne), Hardy-Beauvais.

LARÇAY.

Vote du 20 décembre : Inscrits 154; votants 146 ; oui 138.
Bannière mérinos vert, lettres et passementeries en or.
Aigle doré aux ailes déployées, hampe bronzée, cravate tricolore.
L. N.
Larçay.
Au Sauveur de la France, Gloire et Prospérité.
Vote du 20 novembre : Inscrits 159 ; votants 149 ; oui 144.
Maire, M. Bariller ; adjoint, M. Petit ; Conseillers municipaux,
10 : MM. David-David, Courtemanche-David, Bariller-Dupont,
Bariller-Petibon, Perrigault-Regnier, Petit-Girollet, Davaine,
Girollet-Johais, Goupil-Barbichon, Miquel (Henri.)

MONTLOUIS.

Vote du 20 décembre : Inscrits 832 ; votants 712 ; oui 630.
BANNIÈRE soie bleue, lettres et passementeries en argent.
Aigle doré aux ailes déployées, hampe bronzée, cravate tricolore.
L. N.
Montlouis.
Protection Providentielle.
Vive Louis-Napoléon.
Vote du 20 novembre : Inscrits 830 ; votants 598 ; oui 578.
Maire, M. Angellier-Bacot ; adjoint, M. Trotin (Germain) ; Con-
e illers municipaux, 16 : MM. Dalbin-Dalbin jeune, Angellier-
Bacot, Belle-Berge, Suppligeau-Gautron, Nau-Douzillé, Moreau-
Gillet, Pillet-Suppligeau, Pillet-Dansault, Binon-Rousseau,
Trotain (Joseph), Mazereau-Habert, David-Dardau, Serrault (Denis),
Dabilly, notaire, Perthuis-Besnard, Germain-Raguin.

SAINT-PIERRE-DES-CORPS.

Vote du 20 décembre : Inscrits 375 ; votants 343 ; oui 329.
BANNIÈRE soie bleue, lettres et garnitures en or.
Aigle doré aux ailes déployées, hampe bronzée, cravate tricolore.
L. N.
Saint-Pierre-des-Corps.
Au Sauveur de la France.
Vote du 20 novembre : Inscrits 384 ; votants 326 ; oui 326.
Maire, M. Haguenier-Cantereau ; adjoint, M. David-Gaucher ; Conseil-
lers municipaux, 12 : MM. Haguenier-Cantereau, David-Gaucher, Au-
denet-Durand, Haguenier-Boigard, Robert (Martin), Guérin-Cantereau,
Bredif-Millet, Simier-Vouteau, Voguet-Chatrefou, Ladevèze (Jean),
Gaucher-Leroux.

LA-RICHE-EXTRA.

Vote du 20 décembre : Inscrits 463 ; votants 433 ; oui 419.
BANNIÈRE soie amaranthe, lettres et passementeries en argent.
Aigle doré aux ailes déployées, hampe bronzée, cravate tricolore.
L. N.
La-Riche (extra.)
Au Sauveur de la France.
Vote du 20 novembre : Inscrits 450 ; votants 384 ; oui 381.
Maire, M. Roze-Lange ; adjoint, M. Berge ; Conseillers municipaux,
12 : MM. Roze (Raimond), Mazery-Martineau, Durand-Bailly, Ret-
Dupuy, Durand-Soudée, Rousseau (Jacques), Mortier père, Berge
(Thomas), Roncin-Dupont, Boutin (Jean), Jude (François), Houdia-
d'Homé.

SAVONNIÈRES.

Vote du 20 décembre : Inscrits 441 ; votants 403 ; oui 368.
BANNIÈRE mérinos vert, lettres et passementeries enor.
Aigle doré aux ailes déployées, hampe bronzée, cravate tricolore.

L. N.

Savonnièrès.

Reconnaissance , Dévouement , Fidélité.

Vote du 20 novembre : Inscrits 437 ; votants 395 ; oui 391.
Maire, M. Plessis aîné; adjoint, M. Quillet; Conseillers municipaux,
12 : MM. Plessis (Emmanuel), Blanchet (Louis), Gabon (Louis),
Genest (Louis), Lecompte (Pierre) père, Joubert (François), Petit-
Baiby, Tessier-Pelle, Barrier-Bienvenu, Quillet (Augustin), Delau-
nay (Silvain), Boilleau-Gallois.

VÉRETZ.

Vote du 20 décembre : Inscrits 325 ; votants 305 ; oui 303.
BANNIÈRE soie verte, lettres et passementeries en or.
Aigle doré aux ailes déployées, hampe bronzée, cravate tricolore.

L. N.

Véretz.

Vote Unanime, 20 décembre.

Vote du 20 novembre : Inscrits 361 ; votants 335 ; oui 333.
Maire, M. Herpin ; adjoint, M. Huret; Conseillers municipaux, 12:
MM. Herpin, Huret-Cosson, Huret-Liqueux, Lecomte-Carré,
Huret-Barillet, Sergent-Desnoues, Bizeau-Moreau, Vergne-Nirjan,
Hubert-Esnault, Hubert-Bournais, Chartier (Antoine), Mousnier-
Milandre.

VILLANDRY.

Vote du 20 décembre : Inscrits 342 ; votants 342 ; oui 335.
BANNIÈRE cachemire blanc, lettres et passementerie en argent.
Aigle doré aux ailes déployées, hampe bronzée, cravate tricolore.

Villandry.

A Louis-Napoléon

Dévouement , Reconnaissance.

Vote du 20 novembre : Inscrits 361 ; votants 335 ; oui 335.
Maire, M. Hainguerlot; adjoint, M. Aujer; Conseillers municipaux,
12 : MM. Thomas (Jean), Taffoneau (Maurice), Tissier (André),
Dupont (François), Hainguerlot (Georges), Boucard (Pierre), Besnard
(Louis), Aubert (François), Leduc (Jean), Courvoisier (Jacques),
Bernier-Salmon (Pierre), Chauvelin-Prou (Louis).

CANTON DE VOUVRAY (15,371 habitants).

4 Sections, 15 Communes.

Vote du 10 décembre : Inscrits 4,840 ; votants 4,091 ; oui 3,770.

CHANÇAY.

Vote du 20 décembre : Inscrits 243 ; votants 229 ; oui 212.

BANNIÈRE mérinos bleu de France, lettres et passementeries blanches.

Aigle doré aux ailes déployées, hampe bronzée, cravate tricolore.

L. N.

Chançay.

Vive le Prince-Président.

Vote du 20 novembre : Inscrits 248 ; votants 207 ; oui 198.

Maire, M. de Chabrefy ; adjoint, M. Chesneau ; conseillers municipaux, 12 : MM. Moisand-Pelletier, Moreau (Jacques) père, Choisnard (Jourdain), Sonzay-Mignot, Georget (Mabille), Saulnier-Douinière, Fouassier-Moisand, de Chabrefy (Charles), Chesneau-Breussin, Piebin-Boucher, Avissard-Couragon, Fillet-Descheneau.

CHANCEAUX-SUR-CHOISILLE.

Vote du 20 décembre : Inscrits 205 ; votants 191 ; oui 181.

BANNIÈRE mérinos bleu de France, lettres et passementeries argent.

Aigle doré aux ailes déployées, hampe bronzée, cravate tricolore.

L. N.

Chanceaux.

Vive Louis-Napoléon.

Voto du 20 novembre : Inscrits 198 ; votants 167 ; oui 166.

Maire, M. Moussard : adjoint, M. Boutard ; Conseillers municipaux, 12 ; MM. Houssard (Georges), Robin (Jacques), Boutard (Jean-Baptiste), Renard, (Gatien), Reverdy (Silvain), Bertheau (Jean), Courtin-Payottin, Tartaret (Michel).

MONNAIE.

Vote du 20 décembre : Inscrits 559 ; votants 461 ; oui 439.
BANNIÈRE soie bleue, Lettres et passementeries en or.
Aigle doré aux ailes déployées, hampe bronzée, cravate tricolore.

L. N.
Monnaie.
Vive Louis-Napoléon.

Vote du 20 novembre : Inscrits 515 ; votants 425 , oui 414.

Maire , M. de Lonlay ; adjoint, M. Besnardeau; Conseillers mucipaux, 16 : MM. de Lonlay, de Flavigny, Vallières, de Russon, Quillet, Badier, Chesreau (Hubert), Maupuy, de Ginestel, Besnardeau, Dejault, Menier (Jacques), Boucher, Menier (Constant), Bidault (Jean).

NEUILLÉ-LE-LIERRE.

Vote du 20 décembre : Inscrits 163 ; votants 157 ; oui 155.
BANNIÈRE mérinos vert-clair, lettres et passementeries en or.
Aigle doré aux ailes déployées, hampe bronzée, cravate tricolore.

L. N.
Neuillé - le-Lierre.
Vive l'Empereur.

Vote du 20 novembre : Inscrits 160 ; votants 138 ; oui 138.

Maire, M. Vallée ; adjoint, M. Ligneau ; Conseillers municipaux, 12 : MM. Vallée, Gourbillon, Jany, Ligneau, Pelletier (Pierre), Berrué père, Forest, Bienvault, Garnier (Alexandre), Deshaies (Urbain) père, Tourmé, Chauveau (Pierre), Ligneau (Pierre), Gaspard.

NOIZAY.

Vote du 20 décembre : Inscrits 363 ; votants 356 ; oui 329.
BANNIÈRE mérinos bleu, lettres et passementeries en or.
Aigle doré aux ailes déployées, hampe bronzée, cravate tricolore.

L. N.
Noizay.
Vive Napoléon III.

Vote du 20 novembre : Inscrits 260 ; votants 338 ; oui 332.

Maire , M. Leroux ; adjoint, M. Girard-Dorcé ; Conseillers municipaux, 12 : MM. Leroux , Girard-Dorcé, Douzilly - Chaffin, Brouteau-Lejeune, Bongars (Jean), Chevreau-Descotes, Ancelot (Jacques), Ney-Fauvet, Bongars (Silvain), Jautron (Henri), Mandal (Pierre), Gaudreau-Forest.

NOTRE-DAME-D'OÉ.

Vote du 20 décembre : Inscrits 149 ; votants 149 ; oui 149.
Bannière mérinos bleu de France, lettres et passementeries en or.
Aigle doré aux ailes déployées, hampe bronzée, cravate tricolore.

L. N.
Notre-Dame-D'oé.
Pour Louis-Napoléon.
20 *décembre.*
149 *électeurs,* 149 *votants,* 149 *oui.*

Vote du 20 novembre : Inscrits 151 ; votants 149 ; oui 149.
Maire, M. Vallée ; adjoint, M. Serault ; Conseillers municipaux,
12 : MM. Robin-Mathurin, Deschamps, Vallée, Serrault, Fourneau,
Montmousseau, Desclou, de Fontenailles, Retif, Joignet, Goubault.

PARÇAY-MESLAY.

Vote du 20 décembre : Inscrits 177, votants 174 ; oui 170.
Bannière drap vert, lettres et passementeries en or.
Aigle doré aux ailes déployées, hampe bronzée, cravate tricolore.

L. N.
Parçay-Meslay.
Vive l'Empereur.

Vote du 20 novembre : Inscrits 192 ; votants 159 ; oui 159.
Maire, M. Serrault ; adjoint, M. Tulasne ; Conseillers munici-
paux, 12: MM. Derouet-Bruley, Champion-Georget, Serrault-Robin,
Gautier-Jaquet, Pinon-Guet, Reverdy-Proust, Morisseau-Joly, Pêche-
Lecure, Serrault-Bordier, Panvert-Huchet, Duchamp-Proust,
Gaultier-Gaultier (Claude).

REUGNY.

Vote du 20 décembre : Inscrits 366 ; votants 342 ; oui 338.
Bannière coton vert, lettres et passementeries jaunes.
Aigle doré aux ailes déployées, hampe bronzée, cravate tricolore.

L. N.
Reugny.
Honneur au vainqueur de l'Anarchie.

Vote du 20 novembre : Inscrits 377 ; votants; 352 ; oui 352.
Maire, M. Martin ; adjoint, M. Armenault ; Conseillers munici-
paux, 12 ; MM. Martin (Pierre), Pinguet (Claude), Braussin (Nico-
las), Galois (Jean), Martin (Denis), Hunin (Louis), Chenouard
(Jacques), Garnier (Louis), Blache (Charles), Genty (Alexis) père,
Armenault (François), Renard (Claude).

ROCHECORBON.

Vote du 20 décembre : Inscrits 519 ; votants 491 ; oui 478.
BANNIÈRE soie bleue, lettres et passementeries en or.
Aigle doré aux ailes déployées, hampe bronzée, cravate tricolore.

L. N.
La commune de Rochecorbon,
Reconnaissante.
Vive l'Empereur.

Vote du 20 novembre : Inscrits 526 ; votants 458 ; oui 449.
Maire, M. Plumerel ; adjoint, M. Marcault-Meunier ; Conseillers municipaux, 16 : MM. Dervau - Bude, Froger-Bordier, Bouchet-Marcault, Grados-Audouin, Bordier-Renard, Vaugondy-Gagneux, Aubert - Morisseau (François), Lasneuve - Ruer, Bienvenu - Buré, Bedouet-Bellanger, Lebled (Pierre), Chivert-Bredif, Marcault-Meunier, Martin-Guillon, Moreau-Badillé, Plumerel (Alexandre).

VERNOU.

Vote du 20 décembre : Inscrits 575 ; votants 501 ; oui 489.
BANNIÈRE cachemire bleu de ciel, lettres et passementeries en or.
Aigle doré aux ailes déployées, hampe bronzée, cravate tricolore.

L. N.
Vernou.
Vive Louis-Napoléon.

Vote du 20 novembre : Inscrits 588, votants 464, oui 457.
(*Conseil municipal suspendu et remplacé par une commission municipale.*)
Maire, M. Bacot de Romand (Jules) ; adjoint, M. Mitoufflet-Tissier ; MM. Delaleu (Isidore), Maignen-Gailleton, Ferron-Moisand, Lelet-Gaultier, Lavalland.

VOUVRAY.

Vote du 20 décembre, Inscrits 795 ; votants 729 ; oui 663.
BANNIÈRE drap vert, lettres et passementeries en or, avec abeilles.
Aigle doré aux ailes déployées, hampe bronzée, cravate tricolore.

L. N.
Vouvray.
Dévouement, Reconnaissance.
· *Vive l'Empereur.*

Vote du 20 novembre : Inscrits 800 ; votants 666 ; oui 645.
Maire, M. Bordes-Bonjean ; adjoint, M. Desmant ; Conseillers municipaux, 16 : MM. Bordes, Desmant, Moreau (Lucien), Marquenet-Bruart, Ruer-Daveau, Aubert-Bouchet, Dupuy (Adrien), Bigot (René), Derouet (Frédéric), Tenier (René) père, Dupuy-Marchand, Chesnouard (Théodore), Boureau (Frédéric), Chesneau, Aubert (Louis), Aubert (Jacques), Bordier-Carré.

LOCHES

VIVE
LOUIS NAPOLEON

ARRONDISSEMENT DE LOCHES.

A. PLUTS lith.

Chromolith. CLAREY-MARTINEAU, r de l. Harpe 14, Paris

—◆—

LOCHES, SOUS-PRÉFECTURE

—

6 CANTONS.

68 COMMUNES.

CANTON DE LAHAYE (7,780 habitants).

2 Sections, 10 Communes.

Vote du 10 décembre : Inscrits 2,188 ; votants 1,684 ; oui 1,081.

ABILLY.

Vote du 20 décembre ; Inscrits 296 ; votants 237 ; oui 196.
BANNIÈRE mérinos orange, lettres et passementeries en argent.
Aigle doré aux ailes déployées, hampe bronzée, cravate tricolore.
L. N.
Abilly.
Vive l'Empereur.
Vote du 20 novembre : Inscrits 297 ; votants 263 ; oui 260.
Maire, M. Cartier ; adjoint, M. Conty ; Conseillers municipaux,
12 : MM. Conty (Alexandre), Pinot (Louis), Prevault (Jean), Jou-
teux (Jean), Lamirault, notaire, Gillet (Adrien), Perrotin (Louis),
Pager (François), Carpy (Jean), Coursault (Hubert), Cartier (Eugène),
Bergerault (Antoine).

BALESMES.

Vote du 20 décembre : Inscrits 218 ; votants 188 ; oui 180.
BANNIÈRE mérinos bleu foncé, lettres et passementeries en argent.
Aigle doré aux ailes déployées, hampe bronzée, cravate tricolore.
L. N.
Balesmes.
Que Dieu veille sur lui.
Vote du 20 novembre : Inscrits 234 ; votants 185 ; oui 184.
Conseil suspendu et remplacé par une commission municipale.
Maire, M. Gauthier (René) ; adjoint, M. Vepirat (Etienne) ; MM.
Raguin (Barthelemy), Roy (François), Negriau, Seguin (Silvain),
Chançay (Adolphe), Pagé-Joubert, Billard (Jean). Buzeley (Louis),
Thomas (Jean).

LA CELLE-SAINT-AVANT.

Vote du 20 décembre : Inscrits 194, votants 169 ; oui 163.

BANNIÈRE mérinos bleu foncé, lettres et passementeries en argent.
Aigle doré aux ailes déployées, hampe bronzée, cravate tricolore.

L. N.

La Celle-Saint-Avant.

Vive Napoléon.

Que Dieu le conserve à la France.

Vote du 20 novembre : Inscrits 205 ; votants 173 ; oui 173.

Maire, M. Jahan-Deniau ; adjoint, M. Moreau ; Conseillers municipaux, 12 : MM. Pagé (Pierre), Jahan-Deniau, Ligeard-Rousseau, Chaboussant (Pierre), Arnault, Moreau-Marchais, Goureau (André), Bertrand (René), Percevau (Pierre), Baron (Armand), Pinard (René), Boisseau fils.

CIVRAY-SUR-ESVRES.

Vote du 20 décembre : Inscrits 121 ; votants 111 ; oui 101.

BANNIÈRE coton bleu, lettres et passementeries en argent.
Aigle doré aux ailes déployées, hampe bronzée, cravate tricolore.

L. N.

Civray.

Vive l'Empereur.

Vote du 20 novembre : Inscrits 130 ; votants 97 ; oui 95.

Maire, M. Leblanc ; adjoint, M. Dubois ; Conseillers municipaux, 10 : MM. Froger-Drouin, Chartier (Antoine), Leblanc (Jean), Dien (René), Soyault (Etienne), Dubois (Charles), Rabeau (Louis), Fonteneau-Bailly, Fontaine (Jean), Blanchard (Charles).

CUSSAY.

Vote du 20 décembre : Inscrits 245 ; votants 216 ; oui 216.

BANNIÈRE mérinos bleu de France, lettres et passementeries blanches.
Aigle doré aux ailes déployées, hampe bronzée, cravate tricolore.

L. N.

Cussay.

Au Sauveur de la France.

Vote du 20 novembre : Inscrits 285 ; votants 248 ; oui 248.

Maire, M. Royer ; adjoint, M. Signolet ; Conseillers municipaux, 12 : MM. Arnault (Jean), Raty (Martin), Leblanc (François), Demons, Millouet (Jacques), Penneret (Jean), Arnault (François), Auger (François), Champeaux (Louis), Royer (Eugène), Signolet (François), Arnault (Louis).

7

DRACHÉ.

Vote du 20 décembre : Inscrits 213 ; votants 203 ; oui 202.
Bannière mérinos violet, lettres et passementeries en or.
Aigle doré aux ailes déployées, hampe bronzée, cravate tricolore.

L. N.
Draché.
A l'Empire, vive Napoléon III.

Vote du 20 novembre : Inscrits 213 ; votants 162 ; oui 162.
Maire, M. Raguin ; adjoint, M. Duvigneau ; Conseillers munici-
paux, 12 : MM. Archambault (Pierre), Mery (Jacques), Daguin
(Charles), Barbet (Louis), Duvigneau (Pierre), Dubois (Matthieu),
Rancher (François), Delatouche (Jean), Raguin (Jean), Sassier
(Charles), Serrault (Louis); Baranger (Pierre).

LAHAYE-DESCARTES.

Vote du 20 décembre ; Inscrits 441 ; votants 382 ; oui 341.
Bannière soie bleu ciel, lettres et passementeries en argent.
Aigle doré aux ailes déployées, hampe bronzée, cravate tricolore.

L. N.
Lahaye-Descartes.
Au digne héritier du grand Homme.

Vote du 20 novembre ; Inscrits 454 ; votants 399 ; oui 374.
(Conseil suspendu remplacé par une commission.)
Maire, M. Mascarel (Olivier); adjoint, M. Defrance (Gabriel),
MM. Couturier, Lepot (Armand), Cesvet, Maurice-Bonodeau, Lam-
bert-Marchau, Guérithault-David, Gourdain-Roy, Nereau-Duperray,
Trouvé-Granger, Girault-Guérin.

MARCÉ-SUR-ESVES.

Vote du 20 décembre : Inscrits 92 ; votants 86 ; oui 86.
Bannière coton bleu clair, lettres et passementeries blanches.
Aigle doré aux ailes déployées, hampe bronzée, cravate tricolore.

L. N.
Marcé-sur-Esves.
A lui toujours.

Vote du 20 novembre : Inscrits 90 : votants 65 ; oui 65.
Maire, M. Adoucet ; adjoint, M. Pousset ; Conseillers munici-
paux, 10 : MM. Biard (Louis), Pousset (René), Adoucet (René),
Rousset (René) père, Jourdanne (Claude), Cherigny (Louis), Fouge-
roux (Charles), Leforreau (François), Biard (Pierre), Desforges
(Jean).

NEUILLY-LE-BRIGNON.

Vote du 20 décembre : Inscrits 212 ; votants 202 ; oui 200.
BANNIÈRE mérinos bleu, lettres et passementeries en argent.
Aigle doré aux ailes déployées, hampe bronzée, cravate tricolore.

L. N.
Neuilly-le-Brignon.
A l'élu du Peuple.

Vote du 20 novembre : Inscrits 208 ; votants 206 ; oui 205.

Maire, M. Plassard-Sinault ; adjoint, M. Dubois, Conseillers municipaux, 12 : MM. Plassart-Sinault, Berthault (Charles), Dubois (Constant), Doucet (Pierre), Payer-Berthault, Janon (Louis), Meriot (Auguste), Arnault (Louis), Quinet (Joseph), Lamirault (Louis), Bruère (Lazare), Vigeant-Audet.

SEPMES.

Vote du 20 décembre : Inscrits 229 ; votants 212 ; oui 207.
BANNIÈRE mérinos bleu ciel, lettres et passementeries en argent.
Aigle doré aux ailes déployées, hampe bronzée, cravate tricolore.

L. N.
Sepmes.
Reconnaissance. Dévouement.

Vote du 20 novembre : Inscrits 230 ; votants 195 ; oui 192.

Maire, M. Cachereau ; adjoint, M. Granger ; Conseillers municipaux, 12 : MM. Huet (François), Pinard (Louis), Raguin (François), Sigonneau-Vernier, Raguin (Jean), Chevalier-Lecourt, Cathelin (Louis), Poitevin (François), Raguin (Étienne), Julienne (Charles), Blanchard (Louis), Rabault-Roy.

CANTON DE LIGUEIL (9,762 habitants.)

4 sections, 13 communes.

Vote du 10 décembre : Inscrits 2,644 ; votants 2,222 ; oui 1,850.

BOSSÉE.

Vote du 20 décembre : Inscrits 163 ; votants 163 ; oui 163.
BANNIÈRE coton bleu, lettres et passementeries orange.
Aigle doré aux ailes déployées, hampe bronzée, cravate tricolore.

L.   N.
Bossée.
Vive Louis-Napoléon, Empereur.

Vote du 20 novembre : Inscrits 185 ; votants 137 ; oui 137.
Maire, M. Bertrand ; adjoint, M. Dien ; Conseillers municipaux,
12 : MM. Raguin (Joseph), Maurice (François), Raguin (Pierre),
Guérin (Pierre), Dien (René), Raguin (François), Dupré (François),
Moreau (Martin), Granger (Joseph), Barillet (Pierre), Bertrand
(Louis), Guérin (Joseph).

BOURNAN.

Vote du 20 décembre : Inscrits 159 ; votants 142 ; oui 140.
BANNIÈRE mérinos vert, lettres et passementeries en or.
Aigle doré aux ailes déployées, hampe bronzée, cravate tricolore.

L. N.
Bournan.
Reconnaissance et dévouement.

Vote du 20 novembre : Inscrits 159 ; votants 136 ; oui 132.
Maire, M. Marchau ; adjoint, M. Marchais ; Conseillers munici-
paux, 12 : MM. Dubois (Pierre), Robineau (Louis), Devien (Pierre),
Chevreuil (Joseph), Charlier (François), Viau (René), Joubert
(Jean), Chichery (Joseph), Delhommais (Pierre), Marchau (Joseph),
Bodin-Joumier, Delouzillière (Joseph).

LA CHAPELLE-BLANCHE.

Vote du 20 décembre : Inscrits 260 ; votants 244 ; oui 244.
BANNIÈRE mérinos vert, lettres et passementeries en argent.
Aigle doré aux ailes déployées, hampe bronzée, cravate tricolore.

L. N.

La Chapelle-Blanche.
Il est grand comme le monde.

Vote du 20 novembre : Inscrits 259 ; votants 236 ; oui 236.
Maire, M. Dupont ; adjoint, M. Lunais ; Conseillers municipaux,
12 : MM. Lunais (Charles), Jugé (Charles), Pagé fils, Guérin
(Charles), Brisgard (Louis), Berthet (Eugène), Dupont (Laurent),
Bernié (François), Parpais (Barnabé), Roy (Joseph), Berthault (François), Saulquin (Claude).

CIRAN.

Vote du 20 décembre : Inscrits 141 ; votants 121 ; oui 120.
BANNIÈRE mérinos vert, lettres et passementeries en or.
Aigle doré aux ailes déployées, hampe bronzée, cravate tricolore.

Ciran.
Vive Louis-Napoléon.
Reconnaissance, Dévouement.

Vote du 20 novembre : Inscrits 149 ; votants 124 ; oui 123.
Maire, M. Gervais ; adjoint, M. Mamour ; Conseillers municipaux, 12 : MM. Mamour (François), Lyaet (Basile), Gervais
(Louis), Ansault (Jean), Connau (Émile), Bodin (Étienne), Hainque
(Gabriel), Cartier (Joseph), Berthault (Charles), Durand (Louis),
Hallouard (Michel), Martineau (Louis).

ESVES-LE-MOUTIER.

Vote du 20 décembre : Inscrits 98 ; votants 97 ; oui 96.
BANNIÈRE coton vert, lettres et passementeries orange.
Aigle doré aux ailes déployées, hampe bronzée, cravate tricolore.

Esves-le-Moutier.
A Louis-Napoléon.

Vote du 20 novembre : Inscrits 102 ; votants 89 ; oui 89.
Maire, M. Veneau ; adjoint, M. Moreau - Bordelais ; Conseillers
municipaux, 10 : MM. Veneau (Jean), Verdier (Pierre), Delhommage (Henri), Gervais (Étienne), Delhommage (Silvain), Lacault
(Léonard), Bineau (Jean), Mamour (Louis), Moreau (Jean), Robineau.

LIGUEIL.

Vote du 20 décembre : Inscrits 599 ; votants 495 ; oui 469.
BANNIÈRE soie verte, lettres et passementeries en or.
Aigle doré aux ailes déployées, hampe bronzée, cravate tricolore.
Ligueil.
Reconnaissance, Dévouement.
Vive Napoléon III.
Vote du 20 novembre : Inscrits 547 ; votants 488 ; oui 482.
Maire, M. Veneau ; adjoint, M. Amourette ; Conseillers munici-
paux, 16 : MM. Veneau de la Fouchardière, Coursault (Hubert),
Lebée, Biard (Brice), Defond – Pommé, Dreux, Demons père,
Marchau, Pinard, de la Ferrière, Coursault (François), Herpin
Tournay, Amourette, Patry-Paulmier, Bernier, Jouteux, Briel fils.

LOUANS.

Vote du 20 décembre : Inscrits 214 ; votants 198 ; oui 198.
BANNIÈRE mérinos vert, lettres et passementeries en or.
Aigle doré aux ailes déployées, hampe bronzée, cravate tricolore.
Louans.
Vive Louis-Napoléon, Espoir.
Vote du 20 novembre : Inscrits 220 ; votants 192 ; oui 192.
Maire, M. Galby ; adjoint, M. Moreau ; Conseillers municipaux,
12 : MM. Moreau, Galby, Baranger (Toussaint), Galby (Etienne),
Turmeau, Caillaut-Bienvenu, Gorron (Toussaint), Benoît (Jacques),
Harang, Roy-Flambart, Robin (Martin), Lauzière (Roch), Dubois
(Jacques).

LE LOUROUX.

Vote du 20 décembre : Inscrits 182 ; votants 172 ; oui 172.
BANNIÈRE mérinos violet, lettres et passementeries en or.
Aigle doré aux ailes déployées, hampe bronzée, cravate tricolore.
Le Louroux.
Vive Napoléon III, empereur.
Vote du 20 novembre : Inscrits 182 ; votants 160 ; oui 160.
Maire, M. Dupont ; adjoint, M. Gaultier ; Conseillers munici-
paux, 12 : MM. Durand (Jacques), Boulet (Valentin), Champion
(François), Gauthier, Marchais (Joseph), Dupont (Jacques), Voyer
(Jean), Bougrand (Jacques), Boucher (Joseph), Pouponneau (Antoine),
Clisson-Lecourt, Harrang (Etienne).

MANTHELAN.

Vote du 20 décembre : Inscrits 360 ; votants 329 ; oui 328.
Bannière soie verte , lettres et passementeries en or.
Aigle doré aux ailes déployées, hampe bronzée , cravate tricolore.

Manthelan.
Vive Louis-Napoléon, Empereur,

Vote du 20 novembre : Inscrits 373 ; votants 310 ; oui 310.
Maire, M. Guérin ; adjoint, M. Boisseau ; Conseillers munici-
paux, 12: MM. Gouron (Pierre), Racoupeau (Désiré), Boisseau (Noël),
Lusseau (Louis), Moreau (René) , Guerin (Laurent), Deschamps
(Pierre), Barré (Eugène), Boulet (Pierre), Dupuy (Louis), Bienvault
(Paul), Bonamy-Veillault.

MOUZAY.

Vote du 20 décembre : Inscrits 110 ; votants 91 ; oui 84.
Bannière coton orange , lettres et passementeries orange.
Aigle doré aux ailes déployées, hampe bronzée , cravate tricolore.

Mouzay.
Vive Napoléon III.

Vote du 20 novembre : Inscrits 117 ; votants 102 ; oui 102.
Maire, M. Roy ; adjoint, M. Meunier ; Conseillers municipaux,
12 : MM. Montron (Antoine) , Gaulthier (Pierre), Gadin (François),
Lyact (François), Souvant (François), Baudoin (Joseph), Saulquin
(François), Moreau (Joseph), Roy (Pierre), Meunier (Jean), Fouquet
(Pierre), Roy (Germain).

SAINT-SENOCH.

Vote du 20 décembre : Inscrits 176 ; votants 152 ; oui 152.
Bannière mérinos bleu , lettres et passementeries en or.
Aigle doré aux ailes déployées, hampe bronzée, cravate tricolore.

Saint-Senoch.
Vive Napoléon III.

Vote du 20 novembre : Inscrits 174 ; votants 138 ; oui 138.
Maire, M. Lusseau ; adjoint, M. Girard ; Conseillers municipaux,
12 : MM. Lusseau (Christophe), Girard (Charles), Galland (Pierre),
Galland (Jean), Aviron (Antoine), Luce de Trémont, Sabart (Jean),
Gaulthier (Pierre), Audiget (Pierre) , Arrault (Louis) , Brochard
(Sylvain), Girard (Joseph).

VARENNES.

Vote du 20 décembre : Inscrits 115 ; votants 102 ; oui 102.
BANNIÈRE coton vert, lettres et passementeries orange.
Aigle doré aux ailes déployées, hampe bronzée, cravate tricolore.

Varennes.
Vive Louis-Napoléon, Empereur.

Vote du 20 novembre : Inscrits 115 ; votants 101 ; oui 99.
Maire, M. Grandeau ; adjoint, M. Vernat ; Conseillers munici-
paux, 10 : MM. Beaudoin (Louis), Grandeau, Vernat, Moreau
(François), Roi (Jean), Cordier (Jean), Blaise (Joseph), Luce de
Trémont (Jules), Bineau (Antoine), Lusseau (François).

VOU.

Vote du 20 décembre : Inscrits 140 ; votants 130 ; oui 130.
BANNIÈRE mérinos vert, lettres et passementeries en or.
Aigle doré aux ailes déployées, hampe bronzée, cravate tricolore.

L. N.
Vou.
Reconnaissance, Dévouement.
Vive Napoléon.

Vote du 20 novembre, Inscrits 141 ; votants 92 ; oui 92.
Maire, M. Roy ; adjoint, M. Mardelle ; Conseillers municipaux,
12 : MM. Lusseau (Jean), Marchais (Charles), Roy (Louis), Mamour,
Beaudoin (Jean), Mardelle, Meunier, Buffet, Martin (Jean), Moreau,
Beaudoin (Saturnin), Bagneux (Maurice).

CANTON DE LOCHES (16,762 hab.)

4 Sections, 10 Communes.

Vote du 10 décembre : Inscrits 4,801 ; votants 3,758 ; oui 2,945.

AZAY-SUR-INDRE.

Vote du 20 décembre : Inscrits 135 ; votants 122 ; oui 120.
BANNIÈRE coton jaune, lettres et passementeries bleues.
Aigle doré aux ailes déployées, hampe bronzée, cravate tricolore.
L. N.
Azay-sur-Indre.
A l'élu du peuple.
Vote du 20 novembre : Inscrits 139 ; votants 101 ; oui 100.
Maire, M. Bardoux ; adjoint, M. Thibault ; Conseillers municipaux, 10 : MM. Bardoux (Simon), Durand (Charles), Thibault (Victor), Sajet (Urbain), Brondin (Jacques), Boutet (Pierre), Levêque (Mathurin), Bozon (Crespin), Béneton (François), Gouron (Martin).

SAINT-BAULD.

Vote du 20 décembre : Inscrits 62 ; votants 60 ; oui 60.
BANNIÈRE mérinos bleu, lettres et passementeries en or.
Aigle doré aux ailes déployées, hampe bronzée, cravate tricolore.
L. N.
Saint-Bauld.
Vive l'Empereur.
Vote du 20 novembre : Inscrits 61 ; votants 59 ; oui 59.
Maire, M. Besnard ; adjoint, M. Joumier ; Conseillers municipaux, 10 : MM. Sajet (Gilles), Gouron (René), Thibault (Urbain), Joumier (Germain), Babin - Emery, Branger (François), Sellier (Louis), Besnard (Pierre), Besnard (Jean), Thibault (Noel).

BEAULIEU.

Vote du 20 décembre : Inscrits 568 ; votants 473 ; oui 470.
BANNIÈRE mérinos bleu, lettres et passementeries en argent.
Aigle doré aux ailes déployées, hampe bronzée, cravate tricolore.
L. N.
Beaulieu.
Vive Napoléon III, Empereur.
Vote du 20 novembre : Inscrits 549; votants 477 ; oui 463.
Maire, M. Pillaut de la Boissière ; adjoint, M. Suzor-Segaud ;
Conseillers municipaux, 16 : MM. Suzor-Segaud, Clément-Godeau,
Blet (Léon), Chrétien-Mardelle, Péculier (Constant), Vénier-Roulier,
Pillaut de la Boissière, Tauton, Alvasse-Gouron, Gaston, Gallicher,
Bonnofault (Alexandre), Doré-Couratin, Huteaux-Bremond, Sigon-
neau-Gagneux, Boudier-Poussot.

BRIDORÉ.

Vote du 20 décembre : Inscrits 101 ; votants 97 ; oui 97.
BANNIÈRE mérinos groseilles, lettres et passementeries en argent.
Aigle doré aux ailes déployées, hampe bronzée, cravate tricolore.
L. N.
Bridoré.
Vive l'Empereur.
Vote du 20 novembre : Inscrits 115; votants 114; oui 114.
Maire, M. Bodard ; adjoint, M. Casnin ; Conseillers municipaux,
10 : Bodard-Ursin, Blanchet (Louis), Menou (François), Gauthier
(Justin), Casnin (Jean) père, Rousseau (Antoine), Arnault (Pierre),
Appart (Joseph), Menou-Villain, Casnin (Jean) fils.

CHAMBOURG.

Vote du 20 décembre : Inscrits 315; votants 265; oui 262.
BANNIÈRE coton orange, lettres et passementeries bleues,
Aigle doré aux ailes déployées, hampe bronzée, cravate tricolore.
L. N.
Chambourg.
Hommage au Prince-Président.
Vote du 20 novembre : Inscrits 319 ; votants 198; oui 188.
Maire, M. Deplais aîné; adjoint, M. Perfus; Conseillers munici-
paux, 12 : MM. Deplais aîné, Dubois (Simon), Perfus (Barthélemy),
Bouard père, Cellier (Louis), Herault (Jacques), Caby (Simon), Piou
(François), Javary (Jules), Marinier (Jean), Toucheley (Adolphe),
Besnoin (Antoine).

CHANCEAUX.

Vote du 20 décembre : Inscrits 80 ; votants 68 ; oui 68.
BANNIÈRE mérinos vert, lettres et passementeries en or.
Aigle doré aux ailes déployées, hampe bronzée, cravate tricolore.

L. N.

Chanceaux.

Vive l'Empereur.

Vote du 20 novembre : Inscrits 78 ; votants 74 ; oui 73.
Maire, M. Provent ; adjoint, M. Migeon ; Conseillers municipaux,
10 : MM. Provent, Migeon, Gautier (Martin), Gautier (René), Demon
(Jean), Boisgard (Louis), Godin-Moreau, Paillault-Suffiseau, Robin
(Louis), Bodard.

CHÉDIGNY.

Vote du 20 décembre : Inscrits 215 ; votants 173 ; oui 169.
BANNIÈRE mérinos vert-Isly, lettres et passementeries en or.
Aigle doré aux ailes déployées, hampe bronzée, cravate tricolore.

L. N.

Chédigny.

Vox populi, Vox Dei.

Vote du 20 novembre : Inscrits 214 ; votants 173 ; oui 172.
Maire, M. Rougé ; adjoint, M. Damon ; Conseillers municipaux,
12 : MM. Rougé (Clément), Damon-Perfus, Lebert (Gilles), Délé-
tang (Alexis) père, Couratin (Sylvain), Penivault (Auguste), Linas-
sier (Etienne), Moreau (Jean), Devers (Jean) père, Gaudion (Etienne),
Lénoir-Gallicher, Trognoux (Louis).

DOLUS.

Vote du 20 décembre : Inscrits 193 ; votants 174 ; oui 173.
BANNIÈRE mérinos bleu, lettres et passementeries orange.
Aigle doré aux ailes déployées, hampe bronzée, cravate tricolore.

L. N.

Dolus.

Au Sauveur de la France.

Vote du 20 novembre : Inscrits 209 ; votants 177 ; oui 177.
Maire, M. Gangneux-Couratin ; adjoint, M. Boisseau-Veillots ;
Conseillers, 12 : MM. Gangneux-Couratin, Boisseau-Veillots,
Boisseau (Louis), Hardoin (Victor), Moty (François), Champion-
Benouin, Arrault-Girard, Thibault-Avenet, Demont (François),
Gangneux-Marchand, Morin-Collin, Champion-Champion.

FERRIÈRE-SUR-BEAULIEU.

Vote du 20 décembre : Inscrits 74 ; votants 62 ; oui 61.
BANNIÈRE coton jonquille, lettres et passementeries bleues.
Aigle doré aux ailes déployées, hampe bronzée, cravate tricolore.

L. N.
Ferrière-sur-Beaulieu.
A l'élu du Peuple.

Vote du 20 novembre : Inscrits 73 ; votants 50 ; oui 50.
Maire, M. Fortin ; adjoint, M. Patois ; Conseillers municipaux,
10 : MM. Fortin (Narcisse), Patois (René), Cellier-Prieur, Marinier
(Pierre), Bardin (Jean), Girault (Louis), Marinier (René), Laitier
(Pierre), Lesourd, Rainaud (Pierre), Giboureau (Jean).

SAINT-HIPPOLYTE.

Vote du 20 décembre : Inscrits 248 ; votants 234 ; oui 234.
BANNIÈRE coton vert, lettres et passementeries orange.
Aigle doré aux ailes déployées, hampe bronzée, cravate tricolore.

L. N.
Saint-Hippolyte.
Vive l'Empereur.

Vote du 20 novembre : Inscrits 228 ; votants 228 ; oui 228.
Maire, M. Monmousseau ; adjoint, M. Chauveau ; Conseillers mu-
nicipaux, 12 : MM. Monmousseau (Christophe), Denonnais (Pierre),
Blanchet (Jean), Mareuil (Pierre), Chauveau (Alexis), Meunier
(Germain), Verget (Joseph), Bodard-Lajon, Lebaux (Jean), Moreau-
Mercier, Blineau-Blineau, Jouannet (François).

SAINT-JEAN-SAINT-GERMAIN.

Vote du 20 décembre : Inscrits 217 ; votants 199 ; oui 199.
BANNIÈRE mérinos violet, lettres et passementeries en argent.
Aigle doré aux ailes déployées, hampe bronzée, cravate tricolore.

L. N.
Saint-Jean-Saint-Germain.
Vive l'Empereur.

Vote du 20 novembre : Inscrits 209 ; votants 164 ; oui 164.
Maire, M. Smith ; adjoint, M. Tétard ; Conseillers municipaux,
12 : MM. Allouard, Bonvalet (Louis), Tricoche, Smitts, Villeneuve,
Crotet-Hamel, Farré (Léonide), Pottier (Louis), Poitevin, Morinet,
Jaumard, Charreau.

LOCHES.

Vote du 20 décembre : Inscrits 1,491 ; votants 1,159 ; oui 1,079.
Bannière moire cerise, lettres et passementeries en argent.
Aigle doré aux ailes déployées, hampe bronzée, cravate tricolore.
L N entouré de lauriers, surmonté de la couronne impériale.
(Nous en donnons le spécimen.)
Loches.
Vive Louis-Napoléon.
Vote du 20 novembre : Inscrits 1,408 ; votants 1,148 ; oui 1,081.
Maire, M. Briffault ; adjoints, MM. Minier, Bicharmé; Conseillers municipaux, 23 : MM. de Bridieu (Henri), Archambault-Chaumeton, de la Ferrière, Lesourd (Cyprien), Briffault, Thuilier, Pagé-Fournier, Navers-Suzor, de Lestang père, Signolet-Marchais, Raverot, Delalande, Picard, de Nogeréc, Martin, Amirault, Hamel - Turquand, Renaud, Augeraud, Minier, Galliché-Musnier, Bicharmé, Chalumeau.

ARRONDISSEMENT DE LOCHES.

Ferme Ecole des Hubaudières.
L'agriculture reconnaissante.
Bannière coton vert, lettres et passementeries orange.
Aigle doré aux ailes déployées, hampe bronzée, cravate tricolore.

PERRUSSON.

Vote du 20 décembre : Inscrits 204 ; votants 189 ; oui 188.
Bannière mérinos bleu, lettres et passementeries en argent.
Aigle doré aux ailes déployées, hampe bronzée, cravate tricolore.
L. N.
Perrusson.
Louis-Napoléon, Reconnaissance.
Vote du 20 novembre : Inscrits 215 ; votants 181 ; oui 179.
Maire, M. Besnier ; adjoint, M. Pain-Lindet ; Conseillers municipaux, 12 : MM. Besnier (Jacques), Pain-Lindet, Porcher (Jean), Razouer (Jean), Barrault (Alexandre), Bourdeau-Meunier, Morillon (Julien), Gallicher (Auguste), Mardelle (Jean), Robineau (Jean), Vion-Béal, Saulnier (Jean).

SAINT-QUENTIN.

Vote du 20 décembre : Inscrits 187 ; votants 167 ; oui 165.
Bannière mérinos jaune, lettres et passementeries vertes.
Aigle doré aux ailes déployées, hampe bronzée, cravate tricolore.
L. N.
Saint-Quentin.
Vive Louis-Napoléon, empereur des Français.
Vote du 20 novembre : Inscrits 180 ; votants 152 ; oui 152.
Maire, M. Lucas; adjoint, M. Blanchy ; Conseillers municipaux, 12 : MM. Durand-Barillet, Besnard (Jean), Hannet (François), Villeneuve-Pierré, Lucas (Jacques), Moreau-Bodin, Blanchy (Laurent), Duportal (Etienne), Lucas (Etienne), Clavier (Antoine), Minier (Henri), Frappier-Guerineau.

REIGNAC.

Vote du 20 décembre : Inscrits 200 ; votants 191 ; oui 180.
Bannière coton vert, lettres et passementeries orange.
Aigle doré aux ailes déployées, hampe bronzée, cravate tricolore.
L. N.
Reignac.
Hommage au sauveur de la France
Quel que soit son titre.
Vote du 20 novembre : Inscrits 218 ; votants 179 ; oui 177.
Maire, M. Arrault ; adjoint, M. Paulmier ; Conseillers municipaux, 12 : MM. Héron (Martin), Arrault (Pierre), Lamier (Charles), Janet (Eugène), Paulmier (Louis), Gouron (Claude), Charpentier (Antoine), Arrault, Marinier (Etienne), Fillon (Jacques), Boisnet (César), Céré (Dominique).

SENNEVIÈRES.

Vote du 20 décembre : Inscrits 110 ; votants 106 ; oui 106.
Bannière coton orange, lettres et passementeries bleues.
Aigle doré aux ailes déployées, hampe bronzée, cravate tricolore.
L. N.
Sennevières.
Vive l'Empereur.
Vote du 20 novembre : Inscrits 110 ; votants 100 ; oui 100.
Maire, M. de la Fouchardière ; adjoint, M. Masson ; Conseillers municipaux, 10 : MM. de la Fouchardière, Michaud (Thomas), Chazel (Silvain), Donniau (Jean), Donniau (Pierre), Masson (Louis), Paumier (Pierre), Londai (Pierre), Charbonnier (Joseph), Forest (Joseph).

TAUXIGNY.

Vote du 20 décembre : Inscrits 392 ; votants 347 ; oui 345.
Bannière mérinos bleu de ciel, lettres et passementeries en argent.
Aigle doré aux ailes déployées, hampe bronzée, cravate tricolore.
L. N.
Tauxigny.
Nos vœux vous suivront toujours!
Vote du 20 novembre : Inscrits 409 ; votants 333 ; oui 334.
Maire, M. Archambault; adjoint, M. Boutet; Conseillers municipaux, 12 : MM. Boutet (Étienne), Héron (Isidore), Branger (Thomas), Godart, Archambault (Gaspard), Bienvault (Martin), Vaillant (André), Hardoin (Antoine), Reverand (Noel), Rossignol (Etienne), Dalonneau (Pierre), Branger (Hubert).

VERNEUIL-SUR-INDRE.

Vote du 20 novembre : Inscrits 231 ; votants 214; oui 214.
Bannière mérinos bleu, lettres et passementeries orange.
Aigle doré aux ailes déployées, hampe bronzée, cravate tricolore.
L. N.
Verneuil.
Vive Napoléon.
Il est le régénérateur de la France,
Et le sauveur du peuple.
Vote du 20 novembre : Inscrits 232; votants 220 ; oui 220.
Maire, M. Malbrand ; adjoint, M. Gautier-Romain ; Conseillers municipaux, 12 : MM. Malbrand, Gautier-Romain, Goumard (François), Cognault (François), Doucet (Augustin), Lefebvre (Pierre), Caby (Louis), Jacquet (Louis), Allard (Joseph), Lesignet (Victor), Pottier (Pierre), Ondet (François).

CANTON DE MONTRÉSOR

(8,340 hab.)

3 Sections, 10 Communes.

Vote du 10 décembre : Inscrits 2,413 ; votants 1,926 ; oui 1,621.

BEAUMONT-VILLAGE.

Vote du 20 décembre : Inscrits 108 ; votants 09 ; oui 97.
BANNIÈRE coton bleu, lettres et passementeries blanches.
Aigle doré aux ailes déployées, hampe bronzée, cravate tricolore.
L. N.
Beaumont-Village.
Vive l'Empereur.
Vote du 20 décembre : Inscrits 113 ; votants 100 ; oui 99.
Maire, M. Villemard ; adjoint, M. Monboué ; Conseillers municipaux, 10 : MM. Villemard, Monboué, Tessin (Silvain), Besson (Pierre), Legrand père, Bournigal, Gabillet (Armand), Clément-Sanson, Beauvais (Jean), Besson-Beauvais.

CHEMILLÉ-SUR-INDROIS.

Vote du 20 décembre : Inscrits 159 ; votants 136 ; oui 134.
BANNIÈRE mérinos vert, lettres et passementeries en or.
Aigle doré aux ailes déployées, hampe bronzée, cravate tricolore.
L. N.
Chemillé.
Confiance, Espoir.
Vote du 20 novembre : Inscrits 150 ; votants 112 ; oui 110.
Maire, M. Chambaudie ; adjoint, M. Labbé ; Conseillers municipaux, 12 : MM. Bourdon, Pournin, Chambaudie, Pruci, Labbé père, Chauveau fils, Hemon (Jacques), Siarot (Delphin), Derouet, Devers (Henri), Ricard (Jacques), Bourdin-Nabon.

GÉNILLÉ.

Vote du 20 décembre : Inscrits 569 ; votants 488 ; oui 481.
Bannière mérinos groseille, lettres et passementeries en argent.
Aigle doré aux ailes déployées, hampe bronzée, cravate tricolore.

L. N.

Genillé.

Stabilité de son gouvernement.

Vote du 20 novembre : Inscrits 616 ; votants 520 ; oui 515.
Maire, M. Meusnier ; adjoint, M. Cosnier ; Conseillers munici-
paux, 16 : MM. Venier - Palisseau, Pitrois (Joseph), Lesleu
(Alexandre), Meusnier (Etienne), Berthon (André), Cosnier (Silvain),
Moreau-Berger, Moreau - Gallicher, Ricard (François), Bournigal
(Auguste), Clément-Sellier, Surin (Alexis), Bonnet-Auvray, Cham-
bellan (Constant), Roy (Charles), Clément-Auvray.

LE LIÉGE.

Vote du 20 décembre : Inscrits 108 ; votants 108 ; oui 108.
Bannière coton vert, lettres et passementeries orange.
Aigle doré aux ailes déployées, hampe bronzée, cravate tricolore.

L. N.

Le Liége.

Vive l'Empereur.

Vote du 20 novembre : Inscrits 105 ; votants 105 ; oui 105.
Maire, M. Delaleu ; adjoint, M. Metivier ; Conseillers munici-
paux, 10 : MM. Delaleu (François), Metivier (Jean), Metivier
(Michel), Tardif (Jean), Beaudoin (Rémy), Dubanton (Georges),
Ponchard (François), Carré (Silvain), Simon (Jean), Jousset
(Eugène).

LOCHÉ.

Vote du 20 décembre : Inscrits 301 ; votants 264 ; oui 262.
Bannière coton orange, lettres et passementeries bleues.
Aigle doré aux ailes déployées, hampe bronzée, cravate tricolore.

L. N.

Loché.

Confiance, Espoir.

Vote du 20 novembre : Inscrits 327 ; votants 252 ; oui 250.
Maire, M. Berthon ; adjoint, M. Bonamy ; Conseillers munici-
paux, 12 : MM. Berthon (Auguste), Turmeau - Appert, Bonamy-
Foucher, Ledoux (Joseph), Pillet - Faucher, Bodard - Bourreau,
Bellard-Gibert, Boileau-Dubois, Lucas Palisseau, Geoffroy - Gagne-
ron, Croix, Moreau, Depond (Joseph).

8

MONTRÉSOR.

Vote du 20 décembre : Inscrits 207 ; votants 183 ; oui 160.
BANNIÈRE soie verte, lettres et passementeries en or.
Aigle doré aux ailes déployées, hampe bronzée, cravate tricolore.
L. N.
Montrésor.
France, Louis-Napoléon.
Vote du 20 novembre : Inscrits 214 ; votants 189 ; oui 184.
Maire, M. Chauveau ; adjoint, M. Hélie ; Conseillers municipaux,
12 : MM. Chauveau (Pierre), Rossignol (Arthur), du Croquet, Lehec
(Henri), Chateau - Migeon, Chateau - Frappier, Dumée (François),
Guillard-Malherbe, Hélie fils, Moreau (Louis), Desmée - Moreau,
Dubost (Jean).

NOUANS.

Vote du 20 décembre : Inscrits 317 ; votants 275 ; oui 273.
BANNIÈRE mérinos vert, lettres et passementeries en or,
Aigle doré aux ailes déployées, hampe bronzée, cravate tricolore.
Nouans.
A Napoléon III, Vive l'Empereur.
Vote du 20 novembre : Inscrits 315 ; votants 290 ; oui 290.
Maire, M. Loiseau ; adjoint, M. Boutet ; Conseillers municipaux,
12 : MM. Batailler (Jean), Valentin - Loiseau, Mardelle (Auguste),
Boutet (Louis), Frapier (Louis), Thiery (Etienne), Tessier (Joseph),
Mardelle (René), Dyrs (Joseph), Daubord (Siméon), Chevalier-
Valentin, Charbonnier (Joseph).

ORBIGNY.

Vote du 20 décembre : Inscrits 322 ; votants 280 ; oui 272.
BANNIÈRE coton rose, lettres et passementeries en argent.
Aigle doré aux ailes déployées, hampe bronzée, cravate tricolore.
L. N.
Orbigny.
Confiance et Espoir.
Vote du 20 novembre : Inscrits 339 ; votants 249 ; oui 247.
Maire, M. Hélie Chanteloup ; adjoint, M. Métivier ; Conseillers
municipaux, 12 : MM. de St-Chamans, Hélie Chanteloup, Métivier-
Marchand, Mauxion (Hippolyte), Touchard (François), Ricard
(François), Blanchet (René), Chapu-Besson, Guénier (Jean), Simon
(Auguste), Bourdeau (François), Baudoin (François).

VILLEDOMAIN.

Vote du 20 décembre : Inscrits 84 ; votants 79 ; oui 79.
Bannière coton vert, lettres et passementeries en or.
Aigle doré aux ailes déployées, hampe bronzée, cravate tricolore.

L. N.

Villedomain.

Au sauveur de la France.

Vote du 20 novembre : Inscrits 84 ; votants 84 ; oui 84.

Maire, M. Blanchet ; adjoint, M. Boisseau ; Conseillers munici-
paux, 10 : MM. Blanchet (Jean), Boisseau, Poetoud (Jean), Tessier
(Pierre), Créchet (Joseph), Nery (Pierre), Chamblet (Jean), Couvreur
(Jean), Echard (François), Defond (Louis) père.

———

VILLELOIN-COULANGÉ.

Vote du 20 décembre : Inscrits 256 ; votants 237 ; oui 237.
Bannière mérinos vert, lettres et passementeries en or.
Aigle doré aux ailes déployées, hampe bronzée, cravate tricolore.

L. N.

Villeloin-Coulangé.

Reconnaissance, Fidélité, Espoir, Confiance.

Vote du 20 novembre : Inscrits 260 ; votants 255 ; oui 255.

Maire, M. Delahaye ; adjoint, M. Blaive ; Conseillers municipaux,
12 : MM. Jacquet-Delahaye, Pillet (Frédéric), Couratin (Pierre),
Orvat (Benjamin), Bourdon (Jacques), Blaive (François), Agenet
(François), Alizon (Louis), Arrault (Eugène), Benoist (Honoré),
Deroche (Pierre) fils, Palisseau-Goubau.

CANTON DU GRAND-PRESSIGNY.

(9,593 habitants.)

4 Sections, 9 Communes.

Vote du 10 décembre : Inscrits 2,413, votants 1,926 ; oui 1,621.

BARROU.

Vote du 20 décembre : Inscrits 272 ; votants 235 ; oui 230.
Bannière mérinos bleu de France, lettres et passementeries en or.
Aigle doré aux ailes déployées, hampe bronzée, cravate tricolore.
L. N.
Barrou.
Vive la France.
Vote du 20 novembre : Inscrits 277 ; votants 251 ; oui 249.
Maire, M. de la Poëze ; adjoint, M. Fanon ; Conseillers municipaux, 12 : MM. comte de la Poëze, Fanon (André), Collet (Louis), Magny (Xavier), Bigeant (Joseph), Néréau (Louis), Petit (Pierre), Petit (Joseph), Douardy (Armand), Taillebois (Victor), Patry (Pierre), Sécheresse (Louis).

BETZ.

Vote du 20 décembre : Inscrits 376 ; votants 340 ; oui 335.
Bannière mérinos vert, lettres et passementeries en argent.
Aigle doré aux ailes déployées, hampe bronzée, cravate tricolore.
L. N.
Betz.
Vive l'Empereur.
Vote du 20 novembre : Inscrits 388 ; votants 348 ; oui 348.
Maire, Casnin-Arnault ; adjoint, M. Casnin ; Conseillers municipaux, 12 : MM. Marron-Arnault, Marchand (Jean), Assailly (Jean), Marron-Paulmier, Casnin-Arnault, Marot (Louis), Rolland (Louis), Casnin (Prosper), Porcher (Charles), Casnin (Daniel), Menoust (Louis), Lion (Jean).

LA CELLE-GUENAND.

Vote du 20 décembre : Inscrits 234 ; votants 210 ; oui 205.
Bannière mérinos vert, lettres et passementeries en argent.
Aigle doré aux ailes déployées, hampe bronzée, cravate tricolore.

L. N.
La Celle-Guénand.
A l'Agriculture, protection et secours.
Vote du 20 novembre : Inscrits 249 ; votants 203 : oui 197.
Maire, M. Gaulier de la Celle ; adjoint, M. Brochard ; Conseillers municipaux, 10 : MM. Gaulier de la Celle, Brochard (Louis), Dard-Hérault, Cellerin-Caraty, Jolly-Hérault, Gratteau-Babin, Berthelot (Jean), Villeret-Brauld, Cellerin (Denis), Maurice (Victor).

FERRIÈRE-LARÇON.

Vote du 20 décembre : Inscrits 279 ; votants 226 ; oui 206.
Bannière mérinos bleu foncé, lettres et passementeries en argent.
Aigle doré aux ailes déployées, hampe bronzée, cravate tricolore.

L. N.
Ferrière-Larçon.
Vote du 20 novembre : Inscrits 274 ; votants 237 ; oui 235.
(Conseil municipal suspendu et remplacé par une commission.)
Maire, M. Arnault ; adjoint, M. Miltas ; MM. Robin-Banne, Travouillon-Blain, Dart-Mandé, Arnault-Héron, Cormier-Claveau, Arnault-Brun.

SAINT-FLOVIER.

Vote du 20 décembre : Inscrits 354 ; votants 324 ; oui 323.
Bannière mérinos marron, lettres et passementeries en or.
Aigle doré aux ailes déployées, hampe bronzée, cravate tricolore.

L. N.
Saint-Flovier.
Au vainqueur de l'Anarchie.
Vote du 20 novembre : Inscrits 387 ; votants 344 ; oui 340.
Maire, M. le-comte de Menou ; adjoint, M. Percevault ; Conseillers municipaux, 12 : MM. Limousin (François) père, Bonnin-Vervoux, de Menou, Perou (Amand), Berthelot (Joseph), Tricoche (Silvain), Galois, Potier (Jean) fils, Percévault, Bonnin-Villeret, Ondet (Justin), Marot-Rideau.

LA GUERCHE.

Vote du 20 décembre : Inscrits 153 ; votants 140, oui 139.
BANNIÈRE mérinos marron , lettres et passementeries en or.
Aigle doré aux ailes déployées, hampe bronzée , cravate tricolore.

L. N.

La Guerche.

Vive l'Empereur.

Vote du 20 novembre : Inscrits 166 ; votants 149 ; oui 133.
Maire, M. de Croy ; adjoint , M. Millet ; Conseillers municipaux ,
12 : MM. de Croy, Millet, Plessis (Antoine) père , Custault , Delan
(Hyppolite), de Charle (Jean), Brung (Louis), Dubois-Raton, Dubois-
Vigeault, Larcher-Guignard , Fiot (Firmin), Patry (Etienne).

PAULMY.

Vote du 20 décembre : Inscrits 205 ; votants 179 ; oui 179.
BANNIÈRE coton jaune, lettres et passementeries bleues.
Aigle doré aux ailes déployées, hampe bronzée, cravate tricolore.

L. N.

Paulmy.

Vive le Sauveur de la France.

Vote du 20 novembre : Inscrits 205 ; votants 172 ; oui 172.
Maire , M. Pagé ; adjoint , M. Travouillon ; Conseillers munici-
paux, 12 : MM. le marquis d'Oiron , Moreau (Stanislas), Moreau
(Antoine), Lacault (Pierre), Poitou (Louis) , Joubert (Jean) , Raguin
(Louis) Véron (Louis), Roy (Simon), Arnault (Pierre), Pagé (Joseph),
Travouillon (Alexis).

LE GRAND-PRESSIGNY.

Vote du 20 décembre : Inscrits 565 ; votants 467 ; oui 438.
BANNIÈRE coton bleu , lettres et passementeries blanches.
Aigle doré aux ailes déployées, hampe bronzée , cravate tricolore.

L. N.

Le Grand-Pressigny.

Vive l'Ordre.

Vote du 20 novembre ; Inscrits 564 : votants 390 ; oui 386.
Maire, M. Breton ; adjoint , M. Grindelle ; Conseillers municipaux,
16 : MM. Grindelle, Georget-Deshanes, Breton-Dubreuil, Malardier,
Joubert-Robin , Leveillé, de Chartie , Carré (Stanislas) , Primault ,
Pagé-Blet, Lelasseux, Giron (Victor), Beauvais-Percevault, Fiot
(Honoré) père, Farouaud de la Barre, Bruère-Bertheau.

LE PETIT-PRESSIGNY.

Vote du 20 décembre : Inscrits 272 ; votants 244 ; oui 242.
Bannière mérinos groseille, lettres et passementeries blanches.
Aigle doré aux ailes déployées, hampe bronzée, cravate tricolore.

Le Petit-Pressigny
A Louis-Napoléon.
Vive l'Empereur.

Vote du 20 novembre : Inscrits 276 ; votants 264 ; oui 264.

Maire, M. Hardouin ; adjoint, M. Briollet ; Conseillers munici-paux, 12 : MM. Arnault (François), Véron (Auguste), Cochereau (Charles), Mongron (Jacques), Arnault (Severin), Morève (Charles), Berloquin (Pierre), de Bonne (Pierre), Hardouin (Stanislas), Briollet (Pierre), Gangneux (Jean), Bouché (Pierre).

CANTON DE PREUILLY.

(10,404 habitants).

3 Sections, 8 Communes.

Vote du 10 décembre : Inscrits 2,936 ; votants 2,289; oui 1,683.

BOSSAY.

Vote du 20 décembre : Inscrits 454; votants 358; oui 356.
BANNIÈRE coton marron, lettres et passementeries jaunes.
Aigle doré aux ailes déployées, hampe bronzée, cravate tricolore.

L. N.

Bossay.

Qu'il exauce nos vœux.

Vote du 20 novembre : Inscrits 468 ; votants 340 ; oui 340.
Maire, M. Prouteau ; adjoint, M. Brault ; Conseillers municipaux,
16 : MM. Prouteau (Paul), Tranchant-Verna, Brun (Charles),
Brault, Berthault (François), Navers (Laurent), Dauphin (Louis),
Berloquin, Véron (Louis), Maillard, Penette (Louis), Joly-Aubeau,
Lespagnol, Verna (Etienne), Blanchet (François), Gauthier (Pierre).

BOUSSAY.

Vote du 20 décembre : Inscrits 242; votants 201 ; oui 196.
(*La commune de Boussay n'a pas été représentée par une
bannière.*)
Vote du 20 novembre : Inscrits 235 ; votants 179 ; oui 178.
Maire, M. Bourgeon ; adjoint, M. Royer; Conseillers municipaux,
12 : MM. Doidy (Antoine), Brung (Alexandre), Briollet (Louis),
Joubert (François), Royer (Désiré), de Menou (Léonce), Doidy
(Sylvain), Bourgeon père, Duchêne (Pierre), Deforge (Louis), Ga-
tault (Louis), Demay (Jean).

CHAMBON.

Vote du 20 décembre : Inscrits 181 : votants 169 ; oui 168.
BANNIÈRE coton orange, lettres et garnitures bleues.
Aigle doré aux ailes déployées, hampe bronzée, cravate tricolore.
Chambon.
Vive Louis-Napoléon,
Le sauveur de la France.
Vote du 20 novembre : Inscrits 196 ; votants 183 ; oui 182.
Maire, M. Hébert ; adjoint, M. Georget ; Conseillers municipaux,
12 : MM. de Rouvray, Hébert (Michel), Manceau (Antoine),
Doidy (Joseph), Primault (René), Berthelot, Leclair (Jacques),
Berry (André), Georget (Baptiste), Piessard (Jules), Tranchant
(Marc), Primault père.

CHARNIZAY.

Vote du 20 décembre : Inscrits 418 ; votants 385 ; oui 385.
BANNIÈRE coton bleu, lettres et passementeries orange.
Aigle doré aux ailes déployées, hampe bronzée, cravate tricolore.
Charnizay.
Vive S. A. I. Louis-Napoléon,
Le sauveur de la France.
Vote du 20 novembre : Inscrits 435 ; votants 330 ; oui 330.
Maire, M. Boistard ; adjoint, M. Berloquin ; Conseillers munici-
paux, 16 : MM. Boistard-Nazaire, Thibault (Louis), Navers (Pierre),
Pillet (Charles), Frémont (Louis), Le Chypre (Antoine) père, Metivier
(René), Assailly (Jean), Berloquin (Joseph), Villeret-Bardon, Pres-
teau-Appart, Chevreuil (Jean), Malbrand-Melanne, Artault (Joseph),
Lemoine-Melanne, Carpy (Jean).

CHAUMUSSAY.

Vote du 20 décembre : Inscrits 241 ; votants 196 ; oui 183.

(La commune de Chaumussay n'a pas été représentée par une bannière.)

Vote du 20 novembre : Inscrits 237 ; votants 152 ; oui 151.
Maire, M. Pagé-Perrigeon ; adjoint, M. Bruneau ; Conseillers
municipaux, 12 : MM. Pagé-Perrigeon, Bruneau (Silvain), Fonte-
neau (Joseph), Champigny (Hubert), Villain (Toussaint), Bergeon
(Silvain), Gaultier (Louis), Delaporte (Louis), Pagé (Antoine),
Brault (Louis), Delaporte-Moreau.

PREUILLY.

Vote du 20 décembre : Inscrits 703 ; votants 543 ; oui 471.

BANNIÈRE soie bleue, lettres et passementeries en or, avec les armoiries de la ville, portant d'azur au porc-épic d'or.

Aigle doré aux ailes déployées, hampe bronzée, cravate tricolore.

L. N.

Preuilly.

A l'élu du 20 décembre.

Reconnaissance et dévouement, 15 octobre 1852.

Vote du 20 novembre : Inscrits 705 ; votants 515 ; oui 492.

Maire, M. Berloquin ; adjoint, M. Moisand ; Conseillers municipaux, 16 : MM. Arnault (Constant), Berthelot-Liot, Turquand-Petit, Moreau-Liot, Guérin-Liot, Moisand, Berloquin, Mayaud-Maisonneuve, Berthier, Deltang-Pagé, Bonodeau, Rabault, Boutet, Neuvy-Fay, Moreau (Anatole).

SAINT-PIERRE-DE-TOURNON.

Vote du 20 décembre : Inscrits 171 ; votants 148 ; oui 147.

BANNIÈRE coton bleu, lettres et passementeries orange.

Aigle doré aux ailes déployées, hampe bronzée, cravate tricolore.

L. N.

Saint-Pierre-de-Tournon.

Vive l'Empereur.

Vote du 20 novembre : Inscrits 172 ; votants 137 ; oui 136.

Maire, M. Tranchant ; adjoint, M. Texier ; Conseillers municipaux, 12 : MM. Robin (Pierre) fils, Boutin (Louis), Peyronnet, Croq (Daniel), Emery (Jean), Sécheresse (Louis) père, Bondi (Louis), Robin (Louis), Fremont (François), Viheet, Tranchant (Jacques), Lefebvre (Auguste).

YSEURES.

Vote du 20 décembre : Inscrits 520 ; votants 461 ; oui 454.

BANNIÈRE mérinos bleu de France, lettres et passementeries en argent.

Aigle doré aux ailes déployées, hampe bronzée, cravate tricolore.

L. N.

Yseures.

Au génie, sauveur de la civilisation.

Vote du 20 novembre : Inscrits 528 ; votants 474 ; oui 470.

Maire, M. Montaubin ; adjoint, M. Lemerle ; Conseillers municipaux, 16 : MM. Lemerle, Chavignon (Henri), Montaubin, Penot-Conty, Fanon, Lhéritier, Cartier, Verna, de la Poëze (Ludovic), Gillageau, Maréchal, Brunet-Chaumont, Grateau, Boué-Dionnet, Maillard, Deslandes.

LA VILLE de CHINON.

A

LOUIS NAPOLÉON

ORDRE, SÉCURITÉ, STABILITÉ.

ARRONDISSEMENT DE CHINON.

A. PLUTS, lith.

Chromolith. CLAREY-MARTINEAU, r. de l'Harpe, 14, Tours.

TROISIÈME ARRONDISSEMENT

—◦◦◦—

CHINON, SOUS-PRÉFECTURE

—

7 CANTONS.

87 COMMUNES.

CANTON D'AZAY-LE-RIDEAU.

(13,092 habitants.)

4 Sections, 12 Communes.

Vote du 10 décembre : Inscrits 3,873 ; votants 3,462 ; oui 3,229.

AZAY-LE-RIDEAU.

Vote du 20 décembre : Inscrits 637 ; votants 547 ; oui 530.
BANNIÈRE soie bleue Marie-Louise, lettres et passementeries en or.
Aigle doré aux ailes déployées, hampe bronzée, cravate tricolore.
L. N.
Azay-le-Rideau.
Vive le Prince Louis-Napoléon.
Vote du 20 novembre : Inscrits 667 ; votants 591 ; oui 579.
Maire, M. Mauger ; adjoint, M. Deschamps ; Conseillers munici-
paux, 16 : MM. Chesneau, Mauger, Dupuy-Bonnemère, Joubert,
Nivert (Fulgence), Alleau, Pavy, Pertuis, Deschamps, Bouché,
Pasteau, Robin, Duveau, Bruneau, Gaillay, Bellanger.

SAINT-BENOIT.

Vote du 20 décembre : Inscrits 163 ; votants 151 : oui 148.
(*La commune de Saint-Benoît n'a pas été représentée par une
bannière.*)
Vote du 20 novembre : Inscrits 160 ; votants 118 ; oui 117.
Maire, M. Granger ; adjoint, M. Berruer ; Conseillers munici-
paux, 12 : MM. Naffaux (François), Granger (Pierre), Testu (Joseph),
Coulon (Louis), Barué-Normand, Sourdais (Pierre), Limbert (Jacques),
Chevalier (Antoine), Jourdanne (Gatien), Jourdanne (Paul).

BRÉHÉMONT.

Vote du 20 décembre : Inscrits 499 ; votants 458 ; oui 449.
Bannière soie verte, lettres et passementeries en or.
Aigle doré aux ailes déployées, hampe bronzée, cravate tricolore.

L. N.
Bréhemont.
Vive Louis-Napoléon, sauveur de la France.

Vote du 20 novembre : Inscrits 517 ; votants 476 ; oui 473.
Maire, M. Button-Blottin ; adjoint, M. Péan-Carré ; Conseillers
municipaux, 16 : MM. Derouet-Carré, Button-Blottin, Pean-Carré,
Blottin-Herpin, Rolland-Carré, Guillot-Brizard, Branger-Carré,
Bonnet-Papin, Legé-Pannay, Herpin-Moreau, Péan-Guyon, Nobileau (Henri), Grobois (René), Papin-Blanchet, Allard-Legé, Legé-
Carré.

LA CHAPELLE-AUX-NAUX.

Vote du 20 décembre : Inscrits 178 ; votants 172 ; oui 171.
Bannière mérinos bleu, lettres et passementeries en or.
Aigle doré aux ailes déployées, hampe bronzée, cravate tricolore.

L. N.
La Chapelle-aux-Naux.
Vive Monseigneur le Prince-Président.
Vive le sauveur de la France.

Vote du 20 novembre : Inscrits 183 ; votants 163 ; oui 160.
Maire, M. Leger ; adjoint, M. Marchand ; Conseillers municipaux,
12 : MM. Leger (Urbain), Monis (Charles), Desauné-Loussant,
Marchand (Francois), Outy (Jean), Creteault (René), Barberon
(Jean), Aubligis (Pierre), Hégron (Joseph), Carré (Jean), Porcher
(Jacques), Abraze (Michel).

CHEILLÉ.

Vote du 20 décembre : Inscrits 454 ; votants 355 ; oui 350.
Bannière mérinos bleu de France, lettres et passementeries en or.
Aigle doré aux ailes déployées, hampe bronzée, cravate tricolore.

L. N.
Cheillé.
Vive Louis-Napoléon, du peuple il est la Providence.

Vote du 20 novembre : Inscrits 433 ; votants 376 ; oui 374.
Maire, M. Rimbert ; adjoint, M. Girard ; Conseillers municipaux,
12 : MM. Bodin-Rideau, Girard (Henri), Fouché (Barthélemy),
Rimbert (Claude), Meneau-Megret, Chatry (Louis), Girard-Rochereau, Chabry-Chemin, Taillandier, Poupineau (René), Badillé
(Jean), Daulac (Alexandre).

LIGNIÈRES.

Vote du 20 décembre : Inscrits 290 ; votants 278 ; oui 268.
Bannière soie orange, lettres et passementeries orange.
Aigle doré aux ailes déployées, hampe bronzée, cravate tricolore.

L. N.

Lignières.
Vive Louis-Napoléon.

Vote du 20 novembre : Inscrits 294; votants 272 ; oui 272.
Maire, M. Ferré-Huré : adjoint, M. Auger ; Conseillers munici-
paux, 12 : MM. Taveneau (Clément), Moreau (Martin), Lemanceau
(François), Bodin-Herpin, Ferré-Huré, Auger (Pierre), Langlois
(Jacques), Odin (Nicolas), Brisacier-Davoneau, Langlois, Thomas
(Hippolyte), Duret.

RIGNY.

Vote du 20 décembre : Inscrits 391 ; votants 324 ; oui 308.
Bannière mérinos bleu de France, lettres et passementeries en or.
Aigle doré aux ailes déployées, hampe bronzée, cravate tricolore.

La commune de Rigny,
A Louis-Napoléon, sauveur de la France.

Vote du 20 novembre : Inscrits 393; votants 329 ; oui 305.
Maire, M. Lejanvre ; adjoint, M. Neret ; Conseillers municipaux,
12 : MM. Lejanvre - Lemesle, Neret-Druet, Guenault (Louis),
Ripault-Delanoux, Rolland-Guillemain, Buton-Boucard, Taffoneau-
Guillemain, Legrand-Lemesle, Neret-Taffonneau, Petit - Grobois,
Sazilly-Raffaut, Papin-Fromond.

RIVARENNES.

Vote du 20 décembre : Inscrits 244 ; votants 225 ; oui 225.
Bannière soie bleue, lettres et passementeries en or.
Aigle doré aux ailes déployées, hampe bronzée, cravate tricolore.

L. N.

Rivarennes.
Vive Louis-Napoléon, l'élu de la nation.

Vote du 20 novembre : Inscrits 255 ; votants 205 ; oui 204.
Maire, M. Charpentier ; adjoint, M. Guignard ; Conseillers mu-
nicipaux, 12 : MM. Guignard, Chauveau - Bonnet, Dublineau,
Chébance-Guignard, Auvray (Jean), Auclain-Racault, Charpentier-
Leger, Montigny-Lège, Quentin (Martin), Véron (Hippolyte),
Maurice (René), Lejean-Guillon.

SACHÉ.

Vote du 20 décembre : Inscrits 264 ; votants 248 ; oui 248.
Bannière mérinos bleu de France, lettres et passementeries en argent.
Aigle doré aux ailes déployées, hampe bronzée, cravate tricolore.
L.   N.
Saché.
Vote unanime, 20 décembre.
Vote du 20 novembre : Inscrits 262 ; votants 241 ; oui 241.
Maire, M. Lebreton de Vonnes ; adjoint, M. Loizillon; Conseillers municipaux, 12 : MM. Lebreton de Vonnes, Fourmy-Foucher, Loizillon, Barrault, Richard, de Margenne, Pertuis, Texier, Tourtault, Pasquereau, Frémondeau.

THILOUZE.

Vote du 20 décembre : Inscrits 312 ; votants 295 ; oui 295.
Bannière mérinos vert, lettres et passementeries en or.
Aigle doré aux ailes déployées, hampe bronzée, cravate tricolore.
L.   N.
Thilouze.
Vive Louis-Napoléon.
Vote du 20 novembre : Inscrits 319 ; votants 300 ; oui 300.
Maire, M. Janier ; adjoint, M. Blot; Conseillers municipaux, 12 : MM. Janier-Forest, Maupu (Jacques), Arpin (Martin), Sentier (Antoine), Gaudin-Renard, Blot-Joubert, Plisson (Charles), Pasquereau (Claude), Richet (Etienne), Liénard (Candide), Brosseau (René), Maurice (Jacques).

VALLÈRES.

Vote du 20 décembre : Inscrits 265 ; votants 254 ; oui 251.
(*La commune de Vallères n'a pas été représentée par une bannière*).
Vote du 20 novembre : Inscrits 259 ; votants 244 ; oui 244.
Maire, M. Bataille ; adjoint, M. Roland ; Conseillers municipaux, 12 : MM. Roland (Antoine), Dasse (Clément), Bataille (Eugène), Langlois (Jean), Robineau (Gabriel), Georget (Joseph), Marchandeau (César), Blondeau (Jacques), Huau (Jean) fils, Thomas (Jules), Jéhan (César), Compagnon (Jean).

VILLAINES.

Vote du 20 décembre : Inscrits 310 ; votants 295 ; oui 295.
BANNIÈRE mérinos vert, lettres et passementeries vertes.
Aigle doré aux ailes déployées, hampe bronzée, cravate tricolore.

L. N.

Villaines.

Après Dieu, tout à toi.

Vote du 20 novembre : Inscrits 319 ; votants 310 ; oui 310.

Maire, M. Voisin ; adjoint, M. Georget ; Conseillers municipaux,
12 : MM. Rolland-Badillé, Quenault (René), Pichet (René), Pichet-
Rideau, Crosnier-Robineau, Roy (Louis), Cheneau (René), Boué-
lesve-Papault, Pichet (François), Crosnier (Cyprien), Potet-Robineau,
Pirault-Blondeau.

La Société commerciale et de secours mutuels
Des vanniers de Villaines reconnaissante.

Au sauveur de la France.

BANNIÈRE coton orange, lettres et passementeries bleues.
Aigle doré aux ailes déployées, hampe bronzée, cravate tricolore

CANTON DE BOURGUÈIL

(16,203 habitants.)

4 sections, 6 communes.

Vote du 10 décembre : Inscrits 4,875 ; votants 4,073 ; oui 3,693.

BENAIS.

Vote du 20 décembre : Inscrits 443 ; votants 388 ; oui 373.
BANNIÈRE soie verte, lettres et passementeries en or.
Aigle doré aux ailes déployées, hampe bronzée, cravate tricolore.
A Louis-Napoléon,
La commune de Benais
Reconnaissante.
Vote du 20 novembre : Inscrits 433 ; votants 338 ; oui 334.
Maire, M. Galbrun-Raimbault ; adjoint, M. Besnard ; Conseillers municipaux, 12 : MM. Besnard-Crosnier, Galbrun-Raimbault, Galbrun-Mosland, Hubert aîné, Galbrun-Assier, Goisnard-Landry, Lemesle-Bonesve, Hubert-Galbrun, Hubert-Rochereau, Lasnier-Raimbault, Brossier-Mosland, Froulin.

BOURGUEIL.

Vote du 20 décembre : Inscrits 1,024 ; votants 886 ; oui 818.
BANNIÈRE soie bleue, lettres et passementeries en or.
Aigle doré aux ailes déployées, hampe bronzée, cravate tricolore.
Bourgueil.
Au sauveur de la France.
Vote du 20 novembre : Inscrits 995 ; votants; 748 ; oui 683.
Maire, M. Hervé ; adjoints, MM. Dusoul, Goupil ; Conseillers municipaux, 21 : MM. Hervé (Auguste), Rusché (Thomas), Marquis (Etienne), Deschamps-Dupré, Ratier-Leger, Goupil-Leroux, Dusoul (Edouard), Diollot-Bellan, Orge (Edouard), Magy-Perruchon, Dezaunay-Chivert, Ferrand-Perret, Renault-Minier, Delanoue-Ferrand, Renou-Delaunay, Benon-Ferrand, Huard-Masfroy, Lemesle-Leger, Courtois fils aîné, Massé-Perruchon, Remon (André).

— 131 —

LA CHAPELLE-SUR-LOIRE.

Vote du 20 décembre : Inscrits 1,043 ; votants 871 ; oui 849.
Bannière soie verte, lettres et passementeries en or.
Aigle doré aux ailes déployées, hampe bronzée, cravate tricolore.
A Louis-Napoléon.
La Chapelle-sur-Loire reconnaissante.
Vote du 20 novembre : Inscrits 1,033 ; votants 762 ; oui 745.
Maire, M. Gerbier; adjoints, MM. Jahan, Brun-Perrochon ; Conseillers municipaux, 21 : MM. Salmon-Moreau, Ecarie-Lefay, Lécureuil-Deschamps, Brun-Perrochon, Chebance-Samson, Caslot-Samson, Delanoue-Dupont, Thibault-Mabileau, Jahan (Victor), Gerbier-Delage, Delanoue-Péan, Jarry-Gallé, Brochereau-Samson, Delanoue-Brémont, Menier-Branger, Salmon-Delanoue fils, Menier (Victor), Renard-Renard (Jean), Hersan-Renard, Desbrosses (Jean), Bissoullier-Tascher

CHOUZÉ-SUR-LOIRE.

Vote du 20 décembre ; Inscrits 1,123 ; votants 954 ; oui 923.
Bannière soie bleu de ciel, lettres et passementeries en or.
Aigle doré aux ailes déployées, hampe bronzée, cravate tricolore.
Chouzé-sur-Loire.
Vive Louis-Napoléon.
Vote du 20 novembre : Inscrits 1,148 ; votants 889 ; oui 887.
Maire, M. Brayer ; adjoints, MM. Dufresne, Bechereau ; Conseillers municipaux, 23 : MM. Brayer, Hussé, Baugé, Bechereau, du Temple, Audineau, Lemoine, Crosnier-Perrochon, Hubert-Chevallier, Massé-Benon, Godard-Deniau, Guespin, Taboureau, Guessard, Rousseau, Gauthier-Allain, Rousse-Deschamps, Mechine, Pirault, Sandrier, Caillaux, Mechine-Mechine (Etienne).

SAINT-NICOLAS-DE-BOURGUEIL.

Vote du 20 décembre : Inscrits 625 ; votants 564 ; oui 556.
Bannière soie verte, lettres et passementeries en or.
Aigle doré aux ailes déployées, hampe bronzée, cravate tricolore.
Saint-Nicolas-de-Bourgueil.
Vive Louis-Napoléon.
Vote du 20 novembre : Inscrits 646 ; votants 536 ; oui 531.
Maire, M. Couscher ; adjoint, M. Morin-David ; Conseillers municipaux, 16 : MM. Ribault, Couscher-Boilève, Moreau-Dufresne, Marquis, Mabileau-Ory, Coisnard-Coisnard, Chaufteau-Moreau, Morin-David, Barbereau, Lardier, Moreau-Chaussepied, Ory-Morille, Dufresne-Aguesse, Foucher-Delanoue, Coulouet (Achille), Benon-David.

RESTIGNÉ.

Vote du 20 décembre : Inscrits 709 ; votants 662 ; oui 659.
BANNIÈRE soie bleue, lettres et passementeries en or.
Aigle doré aux ailes déployées, hampe bronzée, cravate tricolore.

L. N.

Restigné.

Union et force, Vive l'Empereur.

Vote du 20 novembre : Inscrits 695 ; votants 576 ; oui 572.

Maire, M. Princé-Baugé ; adjoint, M. Galbrun-Dufeu ; Conseillers municipaux, 16 : MM. Princé-Baugé, Valée-Nicier, Sainson-Galbrun, Chantoiseau-Guérin, Houx-Nicier, Salmon-Nicier, Gabrun-Dufeu, Muzay, Besnard-Besnard, Chantoiseau-Olivier, Salmon-Perrochon, Caslot-Petit, Delanoue-Assier, Chezeau-Bretonneau, Manoroux-Chabot, Salmon-Rochereau.

CANTON DE CHINON.

(17,239 habitants.)

4 Sections, 13 Communes.

Vote du 10 décembre : Inscrits 5,429 ; votants 4,475; oui 3,763.

AVOINE.

Vote du 20 décembre : Inscrits 257 ; votants 233 ; oui 232.
BANNIÈRE soie bleue, lettres et passementeries en or.

L. N.

Avoine.

Union et force, Vive l'Empereur.

Vote du 20 novembre : Inscrits 256 ; votants 234; oui 233.

Maire, M. Fraimbault; adjoint, M. Beugnet; Conseillers municipaux, 12 : MM. Beugnet, Raffault-Gallé, Fraimbault, Girard, Chartier-Lenoir, Beugnet-Gallé, Rouault-Delalande, Danjard (Ferdinand), Luce-Raffault, Glénard-Delalande, Hubert-Aubergeron, Luce-Raffault (Louis).

BEAUMONT-EN-VÉRON.

Vote du 20 décembre : Inscrits 611 ; votants 554; oui 552.
BANNIÈRE soie bleue, lettres et passementeries en or.
Aigle doré aux ailes déployées, hampe bronzée, cravate tricolore.

L. N.

Beaumont-en-Véron.

Union et force, Vive l'Empereur.

Vote du 20 novembre : Inscrits 615 ; votants 534; oui 529.

Maire, M. Guertin-Murray; adjoint, M. Thuau; Conseillers municipaux, 16 : MM. Guertin-Murray, Thuau (René), Guertin-Luce, Vazereau-Buisson, Luce-Luce (René), Delalande-Noyère, Gasné-Gallé, Rolland-Guertin, Guertin-Demont, Buisson-Duchêne, Mureau-Gallé, Berruer-Mouzier, Blandin-Berruer, Berruer, Piballeau, Buisson-Landry, Thomas-Dutemple.

CANDES.

Vote du 20 décembre : Inscrits 262 ; votants 227 ; oui 225.
Bannière mérinos bleu, lettres et passementeries en or.
Aigle doré aux ailes déployées, hampe bronzée, cravate tricolore.

L. N.
Candes.
La bienveillante énergie du Président nous a sauvés
de l'anarchie.

Vote du 20 novembre : Inscrits 258 ; votants 211 ; oui 210.
Maire, M. Montais ; adjoint, M. Hurtault ; Conseillers munici-
paux, 12 : MM. Boutault, Alzon-Denier, Hurtault, Durand, de la
Chaise, Montais, Retirault-Legrand, Petit, Fougeron-Tareau,
Alzon-Lepage, Garnault (Louis), Porcher (Gatien).

CHINON.

Vote du 20 décembre : Inscrits 2,003 ; votants 1,638 ; oui 1,463.
Bannière soie bleue, lettres et passementeries en or.
Aigle doré aux ailes déployées, hampe bronzée, cravate tricolore.
La ville-de Chinon
A Louis-Napoléon.
Ordre, sécurité, stabilité.

Vote du 20 novembre : Inscrits 2,031 ; votants 1,551 ; oui 1,448.
Maire, M. Blanchet-Roze ; adjoints, MM. Blandin, Faucon ; Con-
seillers municipaux, 23 : MM. Gendron (Alexandre), Billoin-Robinet,
Fumé, Potet-Ragneau, Joubert (Léon), Auvinet (Joseph), Blanchet
(Joseph), Houdia-Bert, Chevallier-Prou, Dudé (Éléonor,) Bouché-
Guertin, Tiffeneau, Lhuillier (René), Baranger (Joseph), Blandin-
Truteau, Duboz (Félix), Maurice-Fermé, Fouqueteau, Faucon,
Janneau (Amant), Deshayes-Couselet, Frogier.

CINAIS.

Vote du 20 décembre : Inscrits 176 ; votants 169 ; oui 169.
(*La commune de Cinais n'a pas été représentée par une*
bannière.)
Vote du 20 novembre : Inscrits 173 ; votants 152 ; oui 152.
Maire, M. Mureau-Courtiller ; adjoint, M. Suard-Barreau ; Con-
seillers municipaux, 12 : MM. Mureau-Courtiller, Suard-Barreau,
Duchesne (Joseph), Brillou-Cochereau, Meschin-Piquer, Desbordes
(Louis), Hamard (Louis), Villain-Bion, Lallemand père, Lhuillier,
Doucet-Leblois, Courtiller (Louis).

COUZIERS.

Vote du 20 décembre : Inscrits 86 ; votants 83 ; oui 83.
(*La commune de Couziers n'a pas été représentée par une bannière.*)
Vote du 20 novembre : Inscrits 79 ; votants 73 ; oui 73.
Maire, M. Roy ; adjoint, M. Mahier ; Conseillers municipaux, 10 : MM. Roy (Victor), Mahier (Jacques), Griguand, Roy (Emmanuel), Vacher (Jean), Puzeau (Jean), Gaulthier (Louis), Mahier (Louis), Gaulthier (Pierre), Bouvet (Louis).

SAINT-GERMAIN-SUR-VIENNE.

Vote du 20 décembre : Inscrits 255, votants 237 ; oui 237.
BANNIÈRE mérinos violet, lettres et passementeries en or.
Aigle doré aux ailes déployées, hampe bronzée, cravate tricolore.
Vive Louis-Napoléon.
Vote du 20 novembre : Inscrits 255 ; votants 248 ; oui 248.
Maire, M. Babouard ; adjoint, M. du Petit-Thouars ; Conseillers municipaux, 12 : MM. Babouard, du Petit-Thouars, Loré-Vacher, Loré-Mahiet, Cochereau-Gambier, Boisselier-Hamet, Chartier-Picau, Dufresne-Parré, Loré-Vacher, Dupuy-Gambier, Alzon-Roux, Veronneau-Parré.

HUISMES.

Vote du 20 décembre : Inscrits 519 ; votants 462 ; oui 449.
BANNIÈRE mérinos bleu, lettres et passementeries en or.
L. N.
Huismes,
Reconnaissance.
Vote du 20 novembre : Inscrits 521 ; votants 397 ; oui 391.
Maire, M. Lemesle (Désiré) ; adjoint, M. Noyer ; Conseillers municipaux, 16 : MM. Boucher-Lemaire, Delarente (Guillaume), Beugnet (Michel), de Vendel, Lemaire-Delalande, Lemesle (Désiré), Berruer-Luce, Rouzier (Louis), Noyer (Alexis), Chauvelin (Jacques), Carreau-Jusseaume, Habert-Lemaire, Parfait (Louis), Carreau-Delaunay, Lemaire (Pierre), Rouzier-Fourmy.

LERNÉ.

Vote du 20 décembre : Inscrits 249 ; votants 232 ; oui 232.
BANNIÈRE coton vert, lettres et passementeries orange.
Aigle doré aux ailes déployées, hampe bronzée, cravate tricolore.

L. N.

Lerné.

Vive Louis-Napoléon.

Vote du 20 novembre : Inscrits 255 ; votants 242 ; oui 242.
Maire, M. Bruneau ; adjoint, M. Lecoq ; Conseillers municipaux,
12 : MM. de Chavigny, Chanluan, Bruneau, Laporte (Louis), Lecoq,
Martin (Charles), Savatier (François), Gouin (Louis), Blouin,
Couraillon (Joseph), Bodin-Lejude, Courtault (René).

LA ROCHE-CLERMAULT.

Vote du 20 décembre : Inscrits 209 ; votants 196 ; oui 196.
BANNIÈRE mérinos bleu, lettres et passementeries en or.
Aigle doré aux ailes déployées, hampe bronzée, cravate tricolore.

L. N.

La Roche-Clermault.

Vive l'Empereur.

Vote du 20 novembre : Inscrits 214 ; votants 185 ; oui 185.
Maire, M. Taveau ; adjoint, M. Vassereau ; Conseillers munici-
paux, 12 : MM. Barré, Linacier-Perdriau, Taveau, Vassereau-
Foureau, Savatier, Autelou, Blucheau, Mahiet-Guérin, Roux,
Riché (Joseph), Derué, Planchon.

SAVIGNY.

Vote du 20 décembre : Inscrits 588 ; votants 531 ; oui 541.
BANNIÈRE mérinos groseille, lettres et passementeries en argent.
Aigle doré aux ailes déployées, hampe bronzée, cravate tricolore.

L'avenir par le passé.

. Au Sauveur de la France.

La commune de Savigny, reconnaissante.

Vote du 20 novembre, Inscrits 582 ; votants 487 ; oui 487.
Maire, M. Gallé-Guilleau : adjoint, M. Guertin ; Conseillers mu-
nicipaux, 16 : MM. Gallé-Suzeau, Aubergeon, Prieur-Menier,
Guertin-Mureau, Gallé-Guilleau, Ory (Simon), Clemenceau-Du-
fresne, Mureau-Buisson, Gallé-Boisnier, Dupuy-Menier, Mureau-
Dufresne, Dupuy (Léon), Plouzeau, Dupuy (Pierre), Pinot-Dupuy,
Dufresne-Mureau.

SEUILLY.

Vote du 20 décembre : Inscrits 177 ; votants 157 ; oui 156.
BANNIÈRE mérinos bleu, lettres et passementeries blanches.
Aigle doré aux ailes déployées, hampe bronzée, cravate tricolore.
Au vainqueur de l'anarchie.
La commune de Seuilly reconnaissante.
Vote du 20 novembre : Inscrits 183 ; votants 159 ; oui 156.
Maire, M. de la Mothe-Baracé ; adjoint, M. Bruneau ; Conseillers municipaux, 12 : MM. de la Mothe-Baracé, Bruneau, Dumoustier, Doussard (Jeseph), Murot-Rolland, Richard-Gaudrée, Leblois-Savatier, Louillet (Jean), Marin-Duchêne, Mocrin-Miollet, Mocrin (Antoine), Esnault (Armand).

THIZAY.

Vote du 20 décembre : Inscrits 105 ; votants 102 ; oui 102.
BANNIÈRE coton vert, lettres et passementeries orange.
Aigle doré aux ailes déployées, hampe bronzée, cravate tricolore.
Thizay.
Vive Louis-Napoléon,
Héritier de l'empire et le sauveur de la France.
Vote du 20 novembre : Inscrits 105 ; votants 102 ; oui 102.
Maire, M. Mauffrais ; adjoint, M. Jacquet ; Conseillers municipaux, 10 : MM. Maufrais (André), Jacquet (Joseph), Bouché (François), Deniau (Jean), Hallouin (Guillaume), Poussineau (René), Deniau (Jacques), Deniau (Louis), Mauduit (Louis), Prouteau (Joseph).

CANTON DE L'ILE-BOUCHARD
(9,181 hab.)
4 Sections, 16 Communes.

Vote du 10 décembre : Inscrits 2,866 ; votants 2,503 ; oui 2,318.

ANCHÉ.

Vote du 20 décembre : Inscrits 180 ; votants 171 ; oui 171.
BANNIÈRE drap bleu, lettres et passementeries en argent.
Aigle doré aux ailes déployées, hampe bronzée, cravate tricolore.
La commune d'Anché.
Tout à Dieu et à Louis-Napoléon.
Vote du 20 novembre : Inscrits 173 ; votants 166 ; oui 166.
Maire, M. le baron de Pierres ; adjoint, M. Joubert ; Conseillers municipaux, 12 : MM. Daussin (Maurice), de Pierres (Stéphane), Fernand (Pierre), Fagu (Félix), Joubert (Pierre), Godet (Martin), Drouin-Pirodeau, Lecomte (Louis), Poisson (Jean), Creton-Pirodeau, Hubert (Joseph), Paviller (Georges).

BANNIÈRE tissus de laine tricolore, inscriptions en or, passementeries et gros glands jaunes.
Aigle doré aux ailes déployées, hampe bronzée, cravate tricolore.
Vive l'Empereur.
Les pêcheurs de la Vienne.

(Donnée par M. le baron de Pierres).

AVON.

Vote du 20 décembre : Inscrits 248 ; votants 229 ; oui 229.
BANNIÈRE mérinos groseilles, lettres et passementeries en or.
Aigle doré aux ailes déployées, hampe bronzée, cravate tricolore.
Vive S. A. I. le Prince Louis-Napoléon.
Vive le sauveur de la France.
Vote du 20 novembre : Inscrits 248 ; votants 221 ; oui 221.
Maire, M. Deserre ; adjoint, M. Bourreau ; Conseillers municipaux, 12 : MM. Deserre (Jean), Quinquenault-Frémond, Nicolas-Montigny, Badiller-Marcher, Berthier (Thomas), Guillault-Moreau, Dellalay-Mondet, Langerville (Eugène), Bourreau (Auguste), Franchet (Jean), Frémond-Poupineau.

BRIZAY.

Vote du 20 décembre : Inscrits 78 ; votants 69 ; oui 67.
BANNIÈRE drap bleu, lettres et passementeries en argent.
Aigle doré aux ailes déployées, hampe bronzée, cravate tricolore.
La commune de Brizay.
Tout à Dieu et à Louis-Napoléon.
Vote du 20 novembre : Inscrits 84 ; votants 70 ; oui 70.
Maire, M. Grosset ; adjoint, M. Raymond ; Conseillers munici-
paux, 10 : MM. Deschamps (Vincent), Grosset (Charles), Pallu
(Ambroise), Brancourt (Jean), Belliard (Pierre), Joubert (Pierre),
Colas (Jean), Gouineau (Hilaire), Raymond (André), Deplaix
(Michel).

CHEZELLES.

Vote du 20 décembre : Inscrits 127 ; votants 118 ; oui 117.
(Cette bannière était réunie à celle du chef-lieu.)
Vote du 20 novembre : Inscrits 133 ; votants 91 ; oui 91.
Maire, M. Amirault (Pierre), adjoint, M. Cailler; Conseillers muni-
cipaux, 10 : MM. Amirault (René), Gouin (Louis), Mongalon (André),
Péchard (Pierre), Amirault (Augustin), Cailler (Vincent), Gaillard
(Jacques), Garnier (François), Dessert (Pierre), Plesson (François).

CRAVANT.

Vote du 20 décembre : Inscrits 287 ; votants 266 ; oui 266.
BANNIÈRE mérinos bleu, lettres et passementeries en or.
Aigle doré aux ailes déployées, hampe bronzée, cravate tricolore.
L. N.
Cravant.
A Louis-Napoléon III.
Que Dieu nous le conserve.
Vote du 20 novembre : Inscrits 283 ; votants 215 ; oui 215.
Maire, M. Riverain ; adjoint, M. Devant ; Conseillers munici-
paux, 12 : MM. Riverain (Martin), Taveau (Pierre), Devant père,
Faucillon (Jean), Bourée (Louis), Angelliaume-Guenant, Habert
(Pierre), Maurice (Pierre), Desmis (René), Moron (François), Lam-
bert (Simon), Angelliaume-Augé.

CRISSAY.

Vote du 20 décembre : Inscrits 111 ; votants 105 ; oui 105.
Bannière soie bleue, lettres et passementeries en argent.
Aigle doré aux ailes déployées, hampe bronzée, cravate tricolore.

L. N.
Crissay.
A Louis-Napoléon.

Vote du 20 novembre : Inscrits 110 ; votants 103 ; oui 101.
Maire, M. Mirault ; adjoint, M. Legros (Gabriel); Conseillers municipaux, 10: MM. Bailby (André), Queneau, Mirault (Antoine), Georget (Pierre), Cailler (François), Legros (René), Mirault-Granger, Legros (Gabriel), Rolland (Pierre), Ruzé (Antoine).

CROUZILLES.

Vote du 20 décembre : Inscrits 199 ; votants 195 ; oui 195.
Bannière soie jaune, lettres et passementeries en argent.
Aigle doré aux ailes déployées, hampe bronzée, cravate tricolore.

L. N.
Crouzilles.
Vote unanime, 10 et 20 décembre.

Vote du 20 novembre : Inscrits 200 ; votants 194 ; oui 191.
Maire, M. Pimbert; adjoint, M. Ligeard ; Conseillers municipaux, 12 : MM Pimbert, de Quinemont (Arthur), Ligeard (François), Robin (Thomas), Dien (Julien), Legros (Jean), de Chezelles (Louis), Robin-Cailler (Pierre), Aubert (Charles), Dien (Eugène), Turpreau (Charles), Manseau (Louis).

L'ILE-BOUCHARD.

Vote du 20 décembre : Inscrits 515 ; votants 449 ; oui 428.
Bannière drap bleu, lettres et passementeries en argent.
Aigle doré aux ailes déployées, hampe bronzée, cravate tricolore.
L'Ile-Bouchard.
Tout à Dieu et à Louis-Napoléon.

Vote du 20 novembre : Inscrits 525 ; votants 447 ; oui 428.
Maire, M. Payen ; adjoint, M. Guiet (Jean) ; Conseillers municipaux, 16 : MM. Payen, Pillot, Lenoir, de Chezelle, Jahan, Guiet-Girault, Mercier-Olivet, Poupard-Plissard, Romeau (Louis), Guiet (Jean), Petilleau (Martin), Loizillon (Frédéric), Lhuiller-Badeau, Boné (Ambroise), Best-Romeau, Bon (Jules).

PANZOULT.

Vote du 20 décembre : Inscrits 265 ; votants 251 ; oui 251.
Bannière mérinos bleu ciel, lettres et passementeries en or.
Aigle doré aux ailes déployées, hampe bronzée, cravate tricolore.
Panzoult.
A Louis-Napoléon.
Il a sauvé la France, que son règne soit immuable.
Vote du 20 novembre : Inscrits 276 ; votants 242; oui 242.
Maire, M. Auger; adjoint, M. Chabert; Conseillers municipaux,
12 : MM. Auger, Delalande, Devant-Barnault, Boué-Joubert,
Chabert, Arvers-Beaupuy, Guignault-Guinault, Arrault, Blain,
Angelliaume-Prieur, Luce (René), Delacôte (Denis).

PARÇAY-SUR-VIENNE.

Vote du 20 décembre : Inscrits 236 ; votants 226 ; oui 221.
Bannière mérinos vert, lettres et passementeries en or.
Aigle doré aux ailes déployées, hampe bronzée, cravate tricolore.
L. N.
Parçay-sur-Vienne.
Tout à Dieu et à Louis-Napoléon.
Vote du 20 novembre : Inscrits 239 ; votants 193 ; oui 191.
Maire, M. Penneret; adjoint, M. Thibault; Conseillers municipaux, 12 : MM. Desforges, Thibault, Fadate de Saint-Georges,
Penneret, Bouquaire, Girard (Pierre), Jacquelein (Pierre), Rabusseau (René), Doublet (Louis), Coupeau fils, Robin (René), Delalu
(Pierre).

RILLY.

Vote du 20 décembre : Inscrits 185 ; votants 173 ; oui 167.
Bannière mérinos bleu, lettres et passementeries en or.
Aigle aux ailes déployées, hampe bronzée, cravate tricolore.
Rilly.
Hommage au Prince-Président.
Vote du 20 novembre : Inscrits 186 ; votants 174 ; oui 173.
Maire, M. Charbonnier; adjoint, M. Duperrier; Conseillers municipaux, 12 : MM. Charbonnier, Mirault (Michel), Patural, Perchery, Dabilly, Mirault-Beillard, Septier (Jacques), Delalu, Queneau
père, Gatineau, Durand.

RIVIÈRE.

Vote du 20 décembre : Inscrits 117 ; votants 113 ; oui 113.
Bannière drap bleu , lettres et passementeries en argent.
Aigle doré aux ailes déployées , hampe bronzée , cravate tricolore.
La commune de Rivière.
Tout à Dieu et à Louis-Napoléon.
Vote du 20 novembre : Inscrits 125 ; votants 112 ; oui 112.
Maire, M. Raguin ; adjoint, M. Bottereau ; Conseillers municipaux , 12 : MM. Raguin (Louis), Gouineau (François), Dozon (Jean), Pointreau (Jean), Bottereau (François), Fevrier-Lebeau, Faucillon-Massé , Lhuillier (Pierre), Bigot-Cailleau, Fié (Jean).

———

Bannière tissu de laine tricolore , inscriptions en or , passementeries et gros glands jaunes.
Aigle doré aux ailes déployées , hampe bronzée , cravate tricolore.
Vive l'Empereur.
Les pêcheurs de la Vienne.

(Donnée par M. le baron de Pierres.)

———

SAZILLY.

Vote du 20 décembre : Inscrits 119 ; votants 113 ; oui 112.
Bannière drap bleu, lettres et passementeries en argent.
Aigle doré aux ailes déployées , hampe bronzée , cravate tricolore.
La commune de Sazilly.
Tout à Dieu et à Louis-Napoléon.
Vote du 20 novembre : Inscrits 124 ; votants 114 ; oui 112.
Maire , M. Gouineau; adjoint, M. Vallée; Conseillers municipaux, 10 : MM. Gouineau-Girault, Tortereux , Juteau-Néron , Vallée (Pierre), Richard (Félix), Vallée-Gallais , Amirault (Charles), Fagu (René), Durand , Gouineau-Angelliaume , Duchêne-Forest.

TAVANT.

Vote du 20 décembre : Inscrits 91 ; votants 83 ; oui 81.
BANNIÈRE drap bleu foncé, lettres et passementeries en argent.
Aigle doré aux ailes déployées, hampe bronzée, cravate tricolore.
La commnne de Tavant.
Tout à Dieu et à Louis-Napoléon.
Vote du 20 novembre : Inscrits 97 ; votants 92 ; oui 92.
Maire, M. Ferrand (Pierre) ; adjoint, M. Juteau ; Conseillers municipaux, 10 : MM. Ferrand (Pierre), Berton (Martin), Ferrand (Guillaume), Ferrand-Girard, Ferrand (René), Amirault (Louis), Juteau (René), Ferrand (Martin) père, Ferrand (Martin) fils, Thibault (Louis).

THENEUIL.

Vote du 20 décembre : Inscrits 98 ; votants 98 ; oui 97.
BANNIÈRE drap bleu, lettres et passementeries en argent.
Aigle doré aux ailes déployées, hampe bronzée, cravate tricolore.
La commune de Theneuil.
Tout à Dieu et à Louis-Napoléon.
Vote du 20 novembre : Inscrits 95 ; votants 95 ; oui 95.
Maire, M. Ferrand ; adjoint, M. Million ; Conseillers municipaux, 10 : MM. Ferrand (Pierre), Bacquet (Louis), Gerrand (Jean), Gerrand (Louis), Rouquière (François), Million (Louis), Meunier (Pierre), Lebled (Henri), Jouffrioux (Jean), Hersant (Etienne).

TROGUES.

Vote du 20 décembre : Inscrits 85 ; votants 80 ; oui 80.
BANNIÈRE drap bleu, lettres et passementeries en argent.
Aigle doré aux ailes déployées, hampe bronzée, cravate tricolore.
La commune de Trogues.
Tout à Dieu et à Louis-Napoléon.
Vote du 20 novembre : Inscrits 88 : votants 85 ; oui 85.
Maire, M. Gouron ; adjoint, M. Chapelle ; Conseillers municipaux, 10 : MM. Gouron, Arpin (Martin), Augé (François), Arpin (Louis), Rougé (Charles), Chapelle-Rechaud, Mongalon (André), Blondeau (Jean), Mongalon (Charles), Frémon (Antoine).

CANTON DE LANGEAIS.

(12,105 habitants).

4 Sections, 11 Communes.

Vote du 10 décembre : Inscrits 3,632 ; votants 2,926 ; oui 2,715.

AVRILLÉ.

Vote du 20 décembre : Inscrits 156 ; votants 142 ; oui 142.
BANNIÈRE mérinos vert, lettres et passementeries en or.
Aigle doré aux ailes déployées, hampe bronzée, cravate tricolore.
L. N.
Avrillé.
Vive le sauveur de la France.
Vote du 20 novembre : Inscrits 155 ; votants 136 ; oui 139.
Maire, M. Nacfair ; adjoint, M. Poirier ; Conseillers municipaux,
12 : MM. Poirier (Jean), Nacfair, Rideau (Louis), Machet (Louis),
Ondet (Pierre), Barrat (Jean), Mercier (Joseph), Busson (Alexis),
Goubin (Pierre), Crucheron (Jean), Perriché, Goron père.

CINQ-MARS.

Vote du 20 décembre : Inscrits 620 ; votants 570 ; oui 555.
BANNIÈRE soie groseille, lettres et passementeries en or.
Aigle doré aux ailes déployées, hampe bronzée, cravate tricolore.
L. N.
Cinq-Mars.
Vive Louis-Napoléon.
Vote du 20 novembre : Inscrits 611 : votants 526 ; oui 515.
Maire, M. Yvon ; adjoint, M. Même-Neau ; Conseillers munici-
paux, 16 : MM. Même-Neau, Yvon-Lebert, Roux-Picot, Thibault-
Perrier, Renault (Casimir), Maucler-Petit, Duchâtel (Frédéric),
Même-Chivert, Neau-Roux, Chivert-Boucard, Lebert-Petit, Thi-
bault (Henri), Daveau-Marchand, Fouré-Lebert, Fachette-Roux,
Gannay (Honoré).

CLÉRÉ.

Vote du 20 décembre : Inscrits 407 ; votants 365 ; oui 364.
BANNIÈRE mérinos bleu, lettres et passementeries en or.
Aigle doré aux ailes déployées, hampe bronzée, cravate tricolore.
Cléré.
Vive Louis-Napoléon.
Vote du 20 novembre : Inscrits 397 ; votants 317 ; oui 317.
Maire, M. de Champchevrier ; adjoint, M. Tulasne ; Conseillers municipaux, 12 : MM. Fontaine, de Champchevrier, Vaslin, Chilet (Jacques), Nivert, Chauveau (Louis), Chignard, Tulasne, Chauveau (Gatien), Verneau, Mointoy (René), Daveau (Jacques).

CONTINVOIR.

Vote du 20 décembre : Inscrits 251 ; votants 223 ; oui 223.
(*La commune de Continvoir n'a pas été représentée par une bannière.*)
Vote du 20 novembre : Inscrits 247 ; votants 186 ; oui 186.
Maire, M. Pays ; adjoint, M. Viemont ; Conseillers municipaux, 12 : MM. Pays, Viémont, Boilesve (Jean), Cluche (Etienne), Hamelin (Joseph), Galteau (René), Girard (Pierre), Brossier (Urbain), Froulin (Charles), Barrier (Jacques), Dufeu (Gabriel), Trépreau (Antoine).

LES ESSARDS.

Vote du 20 décembre : Inscrits 69 ; votants 69 ; oui 69.
BANNIÈRE coton bleu, lettres et passementeries en or.
Aigle doré aux ailes déployées, hampe bronzée, cravate tricolore.
Les Essards.
Vive Louis-Napoléon.
Vote du 20 novembre : Inscrits 71 ; votants 71 ; oui 71.
Maire, M. Goubard ; adjoint, M. Foucher (Louis) ; Conseillers municipaux, 10 : MM. Goubard (Jean), Royer (Urbain), Foucher (Louis), Gervais (Pierre), Foucher (Jean), Baillou (Pierre), Gervais-Goltreau, Dusoulier (Henri), Renard (René), Landry (Urbain).

10

GIZEUX.

Vote du 20 décembre : Inscrits 230 ; votants 221 ; oui 221.
BANNIÈRE soie bleue, lettres et passementeries en argent.
Aigle doré aux ailes déployées, hampe bronzée, cravate tricolore.

Gizeux,
20 décembre 1851.
Vive Louis-Napoléon.

Vote du 20 novembre : Inscrits 244 ; votants 221 ; oui 219.

Maire, M. Lorendeau ; adjoint, M. Cosnard ; Conseillers muni-cipaux, 12 : MM. Lorendeau (Louis), Cosnard (Edouard), Hubé (Pierre), Guérin (Jean), Hubé (René), Tulasne (Ferdinand), Moreau (Pierre), Delalande (Charles), Bourdin (René), Constantin (Pierre), Terpreau (Antoine), Morisseau (Urbain).

INGRANDES.

Vote du 20 décembre : Inscrits 223 ; votants 203 ; oui 198.
BANNIÈRE mérinos bleu, lettres et passementeries en or.
Aigle doré aux ailes déployées, hampe bronzée, cravate tricolore.

Ingrandes.
Obéissance et fidélité à S. A. I. le Prince-Président.
Vive Louis-Napoléon.

Vote du 20 novembre : Inscrits 213 ; votants 170 ; oui 163.

Maire, M. Cruchet-Chereau ; adjoint, M. Carré-Boireau ; Conseil-lers municipaux, 12 : MM. Cruchet-Chereau, Carré-Boireau, Roche-reau-Joubert, Rochereau (Louis) fils, Perrochon, Guérin fils, Mingot, Chivert, Breton, Penette, Ridé, Blain.

LANGEAIS.

Vote du 20 décembre : Inscrits 1,037 ; votants 788 ; oui 737.
BANNIÈRE soie bleue, lettres et passementeries en or.
Aigle doré aux ailes déployées, hampe bronzée, cravate tricolore.

L. N.
Langeais.
A Louis-Napoléon.

Vote du 20 novembre : Inscrits 1,087 ; votants 810 ; oui 779.

Maire, M. Boilesve ; adjoints, MM. Bailby, Monclerc ; Conseil-lers municipaux, 21 : MM. Boilesve, Salmon, Janneau, Bailby, Busson, Desouches, Mathieu-Ferrand, Bourgeois, Monclerc, Lemesle, Jamoneau, Dumoulin, Genty-Desré, Dupuy, Archam-bault, de Boissimon, Laporte-Chivert, Brisacier, Roy-Petit, Potier-Petit, Crouzet.

MAZIÈRES.

Vote du 20 décembre : Inscrits 206 ; votants 189 ; oui 189.
Bannière mérinos bleu, lettres et passementeries en argent.
Aigle doré aux ailes déployées, hampe bronzée, cravate tricolore.

L. N.
Mazières.
A Louis-Napoléon.

Vote du 20 novembre : Inscrits 205 ; votants 176 ; oui 176.
Maire, M. Duverney ; adjoint, M. Guignard ; Conseillers municipaux, 12 : MM. Lehoux (Louis), Pasquignon (Jean), Sevault
(Étienne), Rousseau, Bezard, Tollaouet-Lehoux, Guignard, Blanchard, Lothion, Barrier (René), Lefay (François).

SAINT-MICHEL-SUR-LOIRE.

Vote du 20 novembre : Inscrits 226 ; votants 186 ; oui 185.
Bannière mérinos vert, lettres et passementeries en or.
Aigle doré aux ailes déployées, hampe bronzée, cravate tricolore.

L. N.
Saint-Michel-sur-Loire.
Vive Louis-Napoléon.

Vote du 20 novembre : Inscrits 230 ; votants 193 ; oui 193.
Maire, M. Bourillon ; adjoint, M. Rolland ; Conseillers munici-
paux, 12 : MM. Hubert (Félix), Gillier (Louis), Bourillon (César),
Rolland (Joseph), de Chavigny, Leger-Boulmé, Moreau - Gallé,
Brisacier (François), Rolland-Larose, Beaudry (Louis), Boireau
(Jean), Gourbillon (Pierre).

SAINT-PATRICE.

Vote du 20 décembre : Inscrits 390 ; votants 340 ; oui 338.
Bannière mérinos vert, lettres et passementeries en argent.
Aigle doré aux ailes déployées, hampe bronzée, cravate tricolore.

L. N.
Saint-Patrice.
Au Sauveur de la France.

Vote du 20 novembre : Inscrits 407 ; votants 349 ; oui 347.
Maire, M. Liénard ; adjoint, M. Hersand ; Conseillers munici-
paux, 12 : MM. Goisnard-Verdon, Machet - Desonné, Lemesle
(Honoré), Rolland-Rideau, Machet - Lebreton, Guenault - Beloire,
Hersand (Martin), Chauvelin (Philippe), Hérissé - Bourreau, Gue-
nault (Pierre), Ciroteau-Lirault, Sevault-Gauron.

CANTON DE SAINTE-MAURE.

(9,273 habitants.)

4 Sections, 12 Communes.

Vote du 10 décembre : Inscrits 2,869 ; votants 2,360 ; oui 2,090.

ANTOGNY.

Vote du 20 décembre : Inscrits 214 ; votants 200 ; oui 199.
BANNIÈRE coton vert, lettres et passementeries orange.
Aigle doré aux ailes déployées, hampe bronzée, cravate tricolore.
Antogny.
A S. A. I. le Prince Louis-Napoléon.
Qu'il se fasse promptement nommer empereur.
Vive l'Empereur.
Vote du 20 novembre : Inscrits 218 ; votants 210 ; oui 210.
Maire, M. Boucard ; adjoint, M. Boile ; Conseillers municipaux,
12 : MM. Venault (Martial), Boucard (Augustin), Boile (Augustin),
Amirault, Meunier, Souty père, Arnault, Boucq (Martin),
Jouandard-Pennerct, Champigny (Victor), Jahan (Jean), Champigny
(René), Pion (Jean).

SAINTE-CATHERINE-DE-FIERBOIS.

Vote du 20 décembre : Inscrits 205; votants 188; oui 185.
BANNIÈRE mérinos blanc, lettres et passementeries vertes.
Aigle argenté aux ailes déployées, hampe bronzée, cravate tricolore.
Sainte-Catherine-de-Fierbois.
A Charles-Martel, Jeanne-d'Arc, Louis-Napoléon.
Vote du 20 novembre : Inscrits 208 ; votants 180 ; oui 177.
Maire, M. Richard; adjoint, M. Courson; Conseillers municipaux,
12 : MM. de Lussac (Louis), Boulet (Pierre), Dessaché (Sylvain)
père, Vernier (André), Richard (François), Maurice (Julien), Courson
(Paul), Chesneau (Jean), Archambault (Maurice), Garnier (François),
Veaugé (Jean), Perché-Millet.

SAINTE-CATHERINE-DE-FIERBOIS.

Bannière mérinos bleu de France, lettres et passementeries en or.
Aigle doré aux ailes déployées, hampe bronzée, cravate tricolore.
La commune de Sainte-Catherine-de-Fierbois
Reconnaissante
A Louis-Napoléon.

SAINT-ÉPAIN.

Vote du 20 décembre : Inscrits 572 ; votants 480 ; oui 478.
Bannière mérinos bleu de France, lettres et passementeries en or.
Aigle doré aux ailes déployées, hampe bronzée, cravate tricolore.
L. N.
Saint-Épain.
Vive Louis-Napoléon, protecteur de la France.
Vote du 20 novembre : Inscrits 592; votants 419; oui 413.
Maire, M. Gouron-Pénard ; adjoint, M. Desvignes ; Conseillers
municipaux, 16 : MM. Desvignes, Gouron-Pénard, Collas (Léon),
Granger (Louis), Mahoudeau (Octave), Lecourt-Durand, Moulia-
Rondeau, Berchot (Louis), Queneau (Denis) père, Durand-Gouron,
Lambert-Boilève, Auger-Granger, Mirault-Amirault.

MAILLÉ.

Vote du 20 décembre : Inscrits 167 ; votants 165 ; oui 165.
Bannière coton violet, lettres et passementeries orange.
Aigle doré aux ailes déployées, hampe bronzée, cravate tricolore.
Maillé.
A Louis-Napoléon.
Vote du 20 novembre : Inscrits 161; votants 136 ; oui 136.
Maire, M. Louault ; adjoint, M. Pagé ; Conseillers municipaux,
12 : MM. Louault (Joseph), Pagé (Jean), Maburon (René), Courson
(René), Gourault (Etienne), Boisteault (Etienne), Bourgault (Joseph),
Gaudouer-Mandé, Rancher-David, Rancher-Bourgault, Ligeard
(Charles), Archambault (François).

MARCILLY-SUR-VIENNE.

Vote du 20 décembre : Inscrits 128 ; votants 122 ; oui 122.
BANNIÈRE coton vert, lettres et passementeries blanches.
Aigle doré aux ailes déployées, hampe bronzée, cravate tricolore.

L. N.

Marcilly.

2 décembre, Reconnaissance.

Vote du 20 novembre : Inscrits 122 ; votants 122 ; oui 122.
Maire, M. Martin d'Anzay ; adjoint, M. Gouraud ; Conseillers municipaux, 10 : MM. Martin-d'Anzay, Gouraud, Rolland (François), Guerteaux, Gilbert, Millet, Donet, Robin-Doublet, Robert-Gillet, Bouillon (François).

SAINTE-MAURE.

Vote du 20 décembre : Inscrits 763 ; votants 676 ; oui 622.
BANNIÈRE mérinos orange, lettres et passementeries bleu ciel.
Aigle doré aux ailes déployées, hampe bronzée, cravate tricolore.

L. N.

Sainte-Maure.

A Louis-Napoléon.

Vote du 20 novembre : Inscrits 782 ; votants 606 ; oui 550.
Maire, M. Martin-Tiffeneau ; adjoints, MM. Martin-Martineau, Dugenet ; Conseillers municipaux, 21 : MM. Martin-Tiffeneau, Rancher-Mery, Guérin-Jahan, Dugenet (Alexandre), Archambault (François), Maurice (Jules), Frémond, Martin-Martineau, Cartier (Joseph), Robin (Louis), Girard (Jérémie), Jouteux (Jean), Viau (Louis), Tissard-Genevier, Patry (Marcellin), Defond-Viau, Rada (Hilaire), Mingot (Alphonse), Venault-Bienvenu, Bourgueil-Véron, Cartier (Isaac).

NOUATRE.

Vote du 20 décembre : Inscrits 137 ; votants 134 ; oui 129.
BANNIÈRE mérinos bleu, lettres et passementeries en argent.
Aigle doré aux ailes déployées, hampe bronzée, cravate tricolore.

Nouâtre.

Vive Louis-Napoléon.

Vote du 20 novembre : Inscrits 139 ; votants 129 ; oui 127.
Maire, M. Duchêne ; adjoint, M. Houette ; Conseillers municipaux, 10 : MM. Pochet (François), Houette (Jean), Duchêne, Page (Stanislas), Loury (Vincent), Marquet (Louis), Plisson (Pierre), Barbier (Cyprien), Dufrêne (Alexis), Grigy (André).

NOYANT.

Vote du 20 décembre : Inscrits 153 ; votants 138 ; oui 133.
BANNIÈRE coton orange , lettres et passementeries bleues.
Aigle doré aux ailes déployées , hampe bronzée , cravate tricolore.

L. N.
Noyant.
A Louis-Napoléon.

Vote du 20 novembre : Inscrits 159 ; votants 123 ; oui 113.
Maire, M. Gambier ; adjoint, M. Gouron ; Conseillers municipaux, 12 : MM. Gambier (Jean), Roy (Louis), Gouron (Louis), Bureau (Silvain), Hardouin (Pierre), Bruneau (André), Batard (Antoine), Gadin (André), Quantin (Jean), Champigny (François), Moreau (Louis), Fuseau fils.

NEUIL.

Vote du 20 décembre : Inscrits 121 ; votants 114 ; oui 113.
BANNIÈRE mérinos bleu, lettres et passementeries en or.
Aigle doré aux ailes déployées, hampe bronzée, cravate tricolore.

L. N.
Neuil.
Vive Napoléon III.

Vote du 20 novembre : Inscrits 123 ; votants 108 ; oui 108.
Maire, M. Goubeau ; adjoint, M. Baron ; Conseillers municipaux, 10 : MM. Goubeau, Mechain (Joseph), Billardeau (André), Desbourdes (Louis), Desbourdes (Noel) père, Girard (Joseph), Morin (Antoine), Daguet (Michel), Baron (Jean), Couty (Jean).

PORTS.

Vote du 20 décembre : Inscrits 116 ; votants 107 ; oui 106.
BANNIÈRE coton vert, lettres et passementeries blanches.
Aigle doré aux ailes déployées, hampe bronzée, cravate tricolore.

L. N.
Ports.
Vive Louis-Napoléon.

Vote du 20 novembre : Inscrits 116 ; votants 110 ; oui 108.
Maire, M. Quillet ; adjoint, M. Savatier ; Conseillers municipaux, 10 : MM. Quillet, Planchon (Louis), Souty (Louis), Hourioux (Louis), Savatier, Besnois (Amable), Prachet fils, Planchon (François), Crohas (Jean), Gouron (Louis).

POUZAY.

Vote du 20 décembre : Inscrits 132 ; votants 126 ; oui 126.
BANNIÈRE coton orange ; lettres et passementeries bleues.
Aigle doré aux ailes déployées, hampe bronzée, cravate tricolore.

Pouzay.

Dévouement à Louis-Napoléon.

Vote du 20 novembre : Inscrits 138 ; votants 121 ; oui 121.

Maire, M. Grosset ; adjoint, M. Bourgueil père ; Conseillers municipaux, 10 : MM. Gouron, Mourruau (Jean), Grosset (Jean), Bourgueil (André) père, Blucheau (Louis), Bureau (Louis), Gouron (Louis), Grosset (Moyse), Bourgueil (André) fils, Enault (René).

PUSSIGNY.

Vote du 20 décembre : Inscrits 104 ; votants 104 ; oui 104.
BANNIÈRE mérinos bleu, lettres et passementeries en argent.
Aigle doré aux ailes déployées, hampe bronzée, cravate tricolore.

L. N.

Pussigny.

Vive Louis-Napoléon, le sauveur de la France.

Vote du 20 novembre : Inscrits 107 ; votants 107 : oui 107.

Maire, M. Gaillard ; adjoint, M. Babinet ; Conseillers municipaux, 10 : MM. Gaillard (Louis), Petiteau-Chivert, Babinet (César), Malagu (Pierre), Petiteau (Victor), Guellerin (Jean), Bourgueil (Simon), Viau (André), Bouché (François), Guellerin (Jacques).

CANTON DE RICHELIEU.

(12,581 hab.)

4 Sections, 17 Communes.

Vote du 10 décembre: Incrits 3,798 ; votants 3,176 ; oui 2,432.

ASSAY.

Vote du 20 décembre : Inscrits 127 ; votants 122 ; oui 122.
BANNIÈRE mérinos bleu, lettres et passementeriés en or.
Aigle doré aux ailes déployées, hampe bronzée, cravate tricolore.
L.   N.
Assay.
Reconnaissance.
Vote du 20 novembre: Inscrits 118 ; votants 115 ; oui 114.
Maire, M. de Quirit ; adjoint, M. Cheneveau ; Conseillers muni-
paux, 10 : MM. de Quirit, Jalgau (Maurice) père, Champigny-
Bodin, Pagé-Mellier, Cheneveau (André), Archambault (Jean),
Linacier (Paul), Jaquois (Pierre), Ribault (Jean), Chevalier (René)
fils.

BRASLOU.

Vote du 20 décembre : Inscrits 144 ; votants 133 ; oui 133.
BANNIÈRE mérinos bleu, lettres et passementeries en or.
Aigle doré aux ailes déployées, hampe bronzée, cravate tricolore.
L.   N.
Braslou.
Reconnaissance.
Vote du 20 novembre: Inscrits 147 ; votants 129 ; oui 128;
Maire, M. Rousseau ; adjoint, M. Amirault ; Conseillers munici-
paux, 10 : MM. Rousseau (Etienne), Amirault (Augustin), Cham-
pigny (Gabriel), Cailleau (Pierre), Dubois (René), Bois-la-Besle
(François), Girault (René), Lambert (Julien), Delahelle (René) père,
Gourault (Antoine).

BRAYE-SOUS-FAYE.

Vote du 20 décembre : Inscrits 139 ; votants 117 ; oui 109.
BANNIÈRE mérinos bleu, lettres et passementeries en or.
Aigle doré aux ailes déployées, hampe bronzée, cravate tricolore.

L.   N.
Braye.
Reconnaissance.

Vote du 20 novembre : Inscrits 134 ; votants 93 ; oui 93.
Maire, M. Archambault ; adjoint, M. Pimbert ; Conseillers municipaux, 10 : MM. Hulin, Charaudeau, Damour, Gesrand père, Pimbert, Cailler (Jean), Bry (Pierre), Bijon (Jacques), Bouchery, Archambault (Charles).

CHAMPIGNY.

Vote du 20 décembre : Inscrits 324 ; votants 304 ; oui 294.
BANNIÈRE mérinos bleu, lettres et passementeries en or.
Aigle doré aux ailes déployées, hampe bronzée, cravate tricolore.

L.   N.
Champigny.
Reconnaissance.

Vote du 20 novembre : Inscrits 341 ; votants 302 ; oui 296.
Maire, M. de Lomeron ; adjoint, M. Lambert ; Conseillers municipaux, 12 : MM. de Lomeron, Leserre (Eustache), Dejennes (Oscar), Lambert (Claude), Caillé-Habert, Lebrun (Jean), Poulinet (François), Menard, Chevereau, de Maurice (Louis), Lambert, Mestayer (Henri).

CHAVEIGNES.

Vote du 20 décembre : Inscrits 166 ; votants 140 ; oui 138.
BANNIÈRE mérinos bleu, lettres et passementeries en or.
Aigle doré aux ailes déployées, hampe bronzée, cravate tricolore.

L.   N.
Chaveignes.
Reconnaissance.

Vote du 20 novembre : Inscrits 165 ; votants 142 ; oui 140.
Maire, M. Torterue ; adjoint, M. de la Mothe ; Conseillers municipaux, 12 : MM. Blucheau fils, Demorineau père, Belouze père, Taillefer, Cailler-Amirault, Forthier-Bourreau, Séguin-Caillet, Girard père, Bourreau-Guespin, Lhuissier-Poirier, Coignard-Guérin, Dupré (Gabriel).

COURCOUÉ.

Vote du 20 décembre : Inscrits 122 ; votants 114 ; oui 109.
BANNIÈRE mérinos bleu, lettres et passementeries en or.
Aigle doré aux ailes déployées, hampe bronzée, cravate tricolore.
L. N.
Courcoué.
Reconnaissance.
Vote du 20 novembre : Inscrits 123 ; votants 105 ; oui 105.
Maire, M. Guellerin ; adjoint, M. Cailler ; Conseilllers municipaux,
10 : MM. Pallu (Ambroise), Ranilly (Joseph), Cailler (François),
Champigny (Louis), Champigny (Vincent), Durand (Charles), Maillet
(Pierre), Lebrun (Adolphe), Thubert-Dufond, Arnault-Hilaire.

FAYE-LA-VINEUSE.

Vote du 20 décembre : Inscrits 253 ; votants 248 : oui 246.
BANNIÈRE mérinos bleu, lettres et passementeries en or.
Aigle doré aux ailes déployées, hampe bronzée, cravate tricolore.
L. N.
Faye-la-Vineuse.
Reconnaissance.
Vote du 20 novembre : Inscrits 248 ; votants 236 ; oui 229.
(Conseil municipal suspendu remplacé par une commission.)
Maire, M. Fromentin ; adjoint, M. Poirier ; MM. Bois la Beille, Ridon
(Jean), Sire - Pillault, Colas - Tourteau, Pellault (Victor), Lambert
(Louis), Beauce-Lambert.

JAULNAY.

Vote du 20 décembre : Inscrits 113 ; votants 102 ; oui 96.
BANNIÈRE mérinos bleu, lettres et passementeries en or.
Aigle doré aux ailes déployées, hampe bronzée, cravate tricolore.
L. N
Jaulnay.
Reconnaissance.
Vote du 20 novembre : Inscrits 128 ; votants 120 ; oui 120.
Maire, M. Souriau ; adjoint, M. Souriau (Jean) ; Conseillers mu-
nicipaux, 10 : MM. Bessereau (Louis), Maurice (Jean), Noyau-
Chesneau, Thibautt (Louis), Souriau (Vincent), Souriau (Jean),
Auriaux (Mathurin), Bessereau (Etienne), Amirault (Louis), Cham-
pigny (Gabriel).

LÉMERÉ.

Vote du 20 décembre : Inscrits 204 ; votants 180 ; oui 179.
BANNIÈRE mérinos bleu, lettres et passementeries en or.
Aigle doré aux ailes déployées, hampe bronzée, cravate tricolore.
L. N.
Lémeré.
Reconnaissance.
Vote du 20 novembre : Inscrits 201 ; votants 163 ; oui 163.
Maire, M. Grosset-Pallu ; adjoint, M. Amirault ; Conseillers muni-
cipaux, 12 : MM. Grosset-Pallu, Amirault-Faucillon, Lassolais-Lunet,
Boné-Berault, Champigny - Quirit, Guillon - Planchon, Dureau
(Honoré), Botreau (Louis), Maupiou (Désiré), Beauvillain (François),
Guenon (Joseph), Gouineau-Gerson.

LIGRÉ.

Vote du 20 décembre : Inscrits 405 ; votants 361 ; oui 361.
BANNIÈRE mérinos bleu, lettres et passementeries en or.
Aigle doré aux ailes déployées, hampe bronzée, cravate tricolore.
L. N.
Ligré.
Reconnaissance.
Vote du 20 novembre : Inscrits 410 ; votants 291 ; oui 291.
Maire, M. Champigny ; adjoint, M. Souriau ; Conseillers muni-
cipaux, 12 : MM. Chartier (François), Thinault (Gustave), Champi-
gny, Souriau, Roux (Joseph), Poisson-Bertin, Robert (Jean), Roux
(Charles), Fourneau (Jean), Drouin (Philippe), Arvers (Etienne).

LUZÉ.

Vote du 20 décembre : Inscrits 155 ; votants 132 ; oui 131.
BANNIÈRE mérinos bleu, lettres et passementeries en or.
Aigle doré aux ailes déployées, hampe bronzée, cravate tricolore.
L. N.
Luzé.
Reconnaissance.
Vote du 20 novembre : Inscrits 152 ; votants 103 ; oui 103.
Maire, M. Devallois; adjoint, M. Souty ; Conseillers municipaux,
12 : MM. Souty (Pierre), Souty (Jean), Granger (René), Guellerin
(Pierre), Guin (François), Amirault (Louis), Devallois (Théodore),
Champigny (André), Josceau (François), Dabilly (Jean), Dubois
(Joseph), Balzeau (Jean).

MARIGNY-MARMANDE.

Vote du 20 décembre : Inscrits 277 : votants 262 ; oui 262.
Bannière mérinos bleu, lettres et passementeries en or.
Aigle doré aux ailes déployées, hampe bronzée, cravate tricolore.
L. N.
Marigny.
Reconnaissance.
Vote du 20 novembre : Inscrits 288 ; votants 269 ; oui 269.
Maire, M. Grison ; adjoint, M. Nivert ; Conseillers municipaux,
12 : MM. Champigny (Jean), Delétang, Grison, Hourioux (Louis),
Delaporte (Marc), Delaporte (René), Arnault (Charles), Nivert
(Pierre), Planchon (Pierre), Cardinal (Auguste), Grison (Jean), Ter-
rassin (Louis).

MARÇAY.

Vote du 20 décembre : Inscrits 229 ; votants 214 ; oui 214.
Bannière mérinos bleu, lettres et passementeries en or.
Aigle doré aux ailes déployées, hampe bronzée, cravate tricolore.
L. N.
Marçay.
Reconnaissance.
Vote du 20 novembre : Inscrits 235 ; votants 235 ; oui 235.
Maire, M. Soreau ; adjoint, M. Richard ; Conseillers municipaux,
12 : MM. Parfait-Roy, Robert (Jean), Soreau-Roux, Maurin-Lam-
bert, Soreau-Bourguignon, Amirault (François), Cailleau (Louis),
Thenin, Loisillon (François), Richard (Jacques), Baranger, Pajin
(Jean).

RAZINES.

Vote du 20 décembre : Inscrits 99 ; votants 88 ; oui 88.
Bannière mérinos vert, lettres et passementeries en or.
Aigle doré aux ailes déployées, hampe bronzée, cravate tricolore.
L. N.
Razines.
Reconnaissance.
Vote du 20 novembre : Inscrits 101 ; votants 88 ; oui 88.
Maire, M. Jude ; adjoint, Bausse-Renaud père ; Conseillers mu-
nicipaux, 10 : MM. Jude (Louis), Bausse (Armand) père, Monberger
(Louis), Jude (Louis) fils, Archambault (Paulin), Lambert-Bonne-
mère, Legros (Gustave), Douet (Louis), Bourdier (Jacques), Bausse
(Armand) fils.

RICHELIEU.

Vote du 20 décembre : Inscrits 795 ; votants 687 ; oui 643.

BANNIÈRE cachemire blanc, lettres et passementeries en or.

Aigle doré aux ailes déployées, hampe bronzée, cravate tricolore.

L. N.

Canton de Richelieu.

Au Prince Louis-Napoléon, la Patrie reconnaissante.

Vote du 20 novembre : Inscrits 793 ; votants 704 ; oui 691.

Maire, M. Bertrand-Delassuse ; adjoints, MM. Laurence, Giraudeau ; Conseillers municipaux, 21 : MM. Froger, Bertrand-Delassuse, Laurance, Ménage-Lunet, Lunet-Grillault, Bassereau-Thibault, Loulet-Berger, Pichard-Lemoine, Chevalier-Viau, Ragonneau, Giraudeau, Martin-Renault, Archambault-Saraton, Cotton père, Chessé-Labbé, Hartol - Thibault, Jouanneau - Desepmes, Fleury-Lesuire, Notet-Dechisseray, Francillon-Pallu, Thinault-Mercueil.

LA TOUR-SAINT-GÉLIN.

Vote du 20 décembre : Inscrits 322 ; votants 302 ; oui 302.

BANNIÈRE mérinos bleu, lettres et passementeries en or.

Aigle doré aux ailes déployées, hampe bronzée, cravate tricolore.

L. N.

La Tour-Saint-Gélin.

Reconnaissance.

Vote du 20 novembre : Inscrits 320 ; votants 281 ; oui 277.

Maire, M. Métayer ; adjoint, M. Plisson ; Conseillers municipaux, 12 : MM. Rancher-Bodin, Gaillard (Jacques), Métayer (Charles), Cailler (René), Plisson (Louis), Boucher, Cailler Dabilly, Dubois (Louis), Champigny (Marc), Poirier (François), Hébert (Pierre), Billard (Pierre).

VERNEUIL-LE-CHATEAU.

Vote du 20 décembre : Inscrits 73 ; votants 69 ; oui 69.

(C'est par erreur de nom que cette commune n'a pas été représentée par une bannière).

Vote du 20 novembre : Inscrits 70 ; votants 64 ; oui 64.

Maire, M. Lecuyer ; adjoint, M. Jahan ; Conseillers municipaux, 10 : MM. Lecuyer (Vincent), Jahan (Louis), Guérin (François), Jahan (Benjamin), Champigny (Louis), Houdier (François), Gatineau (René), Pallu (Emile), Bouillon (Charles), Durand (Vincent).

RÉCAPITULATION

VOTE DU 10 DÉCEMBRE 1849

TOURS (PREMIER ARRONDISSEMENT), 154,013 habitants

11 CANTONS, 42 SECTIONS, 126 COMMUNES

Inscrits 47,593 ; votants 39,865 ; oui 33,475

LOCHES (DEUXIÈME ARRONDISSEMENT), 62,641 habitants

6 CANTONS, 20 SECTIONS, 68 COMMUNES

Inscrits 17,608 ; votants 13,057 ; oui 10,841

CHINON (TROISIÈME ARRONDISSEMENT), 89,674 habitants

7 CANTONS, 28 SECTIONS, 87 COMMUNES

Inscrits 27,342 ; votants 22,975 ; oui 20,050

TOTAL : Inscrits 92,543 ; votants 76,797 ; oui 64,566.

VOTE DU 20 DÉCEMBRE 1851

TOURS	Inscrits	48,713 ;	votants	41,941 ;	oui	38,438
LOCHES	id.	18,062 ;	id.	15,717 ;	id.	15,259
CHINON	id.	27,983 ;	id.	24,923 ;	id.	24,255
TOTAUX :	id.	94,758 ;	id.	82,581 ;	id.	77,952

VOTE DU 20 NOVEMBRE 1852

TOURS	Inscrits	48,676 ;	votants	37,709 ;	oui	36,475
LOCHES	id.	18,319 ;	id.	15,222 ;	id.	14,993
CHINON	id.	28,230 ;	id.	23,618 ;	id.	23,166
TOTAUX :	id.	95,225 ;	id.	76,549 ;	id.	74,634

TABLE DES MATIÈRES

FIN.

ERRATA

PREMIER ARRONDISSEMENT.—TOURS.

CANTON D'AMBOISE.

COMMUNE DE POCÉ, page 49, *lisez* : Barrois, *au lieu de* Banois.
— page 49, *lisez* : Ducel, *au lieu de* Deuil.
COMMUNE DE SOUVIGNY, page 50, *lisez* : Cérisier, *au lieu de* Sensier.

CANTON DE BLÉRÉ.

COMMUNE D'ATHÉE, page 51, *lisez* : Liébert, *au lieu de* Lubert.
— page 51, *lisez* : Moreau (Pierre), *au lieu de* Moreau (René).
COMMUNE D'AZAY-SUR-CHER, page 51, *lisez* : Dehemery, *au lieu de* Hennery.
COMMUNE DE BLÉRÉ, page 52, *lisez* : Viau, *au lieu de* Horie.
— page 52, *lisez* : Héron, *au lieu de* Hénon.
COMMUNE DE LA CROIX, page 54, Vote du 20 novembre, *lisez* : 340 *au lieu de* 300.
COMMUNE-D'ÉPEIGNÉ-LES-BOIS, page 55, *lisez* : 20 décembre, *au lieu de* 10 décembre.

CANTON DE CHATEAURENAULT.

COMMUNE D'AUTRÈCHE, page 57, *lisez* : Joseph, *au lieu de* Josep.
COMMUNE DE CROTELLES, page 59, vote du 20 novembre, *lisez* : 142, *au lieu de* 132.
COMMUNE DES HERMITES, page 59, vote du 20 décembre, *lisez* : 246 *au lieu de* 546.
COMMUNE DE SAINT-NICOLAS-DES-MOTETS, page 61, vote du 20 novembre, *lisez* : 76, *au lieu de* 77.

CANTON DE CHATEAU-LA-VALLIÈRE.

COMMUNE DE BRAYE-SUR-MAULNE, page 63, *lisez* : vote du 20 décembre, *au lieu de* 20 novembre.

COMMUNE DE BRÈCHES, page 64, *lisez* : 10 conseillers municipaux, *au lieu de* 12.

COMMUNE DE RILLÉ, page 67, le vote du 20 novembre a été oublié, *lisez* : inscrits 207 ; votants 152 ; oui 149.

CANTON DE NEUILLÉ-PONT-PIERRE.

COMMUNE DE SEMBLANÇAY, page 77, vote du 20 novembre, *lisez* : oui 285 *au lieu de* 385.

CANTON DE NEUVY-ROI.

COMMUNE DE LOUESTAULT, page 80, vote du 20 novembre, *lisez* : 91 *au lieu de* 61.

COMMUNE DE MARRAY, page 80, le vote du 20 novembre a été oublié, *lisez* : inscrits 205 ; votants 171 ; oui 170.

CANTON DE TOURS-NORD.

COMMUNE DE LUYNES, page 84, vote du 20 novembre, *lisez* : 633, *au lieu de* 663.

CANTON DE VOUVRAY.

COMMUNE DE NOIZAY, page 91, vote du 20 novembre, *lisez* : 360, *au lieu de* 260.

DEUXIÈME ARRONDISSEMENT.— LOCHES.

CANTON DE LOCHES, page 105, *lisez* : 18 communes, *au lieu de* 10.

TROISIÈME ARRONDISSEMENT.— CHINON.

CANTON D'AZAY-LE-RIDEAU.

COMMUNE DE RIGNY, page 127, vote du 20 décembre, *lisez* : 329, *au lieu de* 324.

COMMUNE DE VALLÈRES, page 128, vote du 20 décembre, *lisez* : 254 *au lieu de* 251.

CANTON DE CHINON.

Commune de Savigny, page 136, vote du 20 décembre., *lisez :* 541, *au lieu de* 531.

————

CANTON DE LANGEAIS.

Commune d'Avrillé, page 144, vote du 20 novembre, *lisez :* 136, *au lieu de* 139.

Tours, mprimerie LADEVÈZE.

www.ingramcontent.com/pod-product-compliance
Lightning Source LLC
Chambersburg PA
CBHW072015080426
42733CB00010B/1716